Comment animer
un atelier d'écriture ?

© L'Harmattan, 2007
5-7, rue de l'Ecole polytechnique ; 75005 Paris

http://www.librairieharmattan.com
diffusion.harmattan@wanadoo.fr
harmattan1@wanadoo.fr

ISBN : 978-2-296-04353-4
EAN : 9782296043534

Tugdual de Cacqueray

Comment animer
un atelier d'écriture ?

L'Harmattan

Animer un atelier d'écriture

« *Il n'y a pas de chemin. Le chemin, on le fait en marchant* » (Antonio Machado)
« *Seule compte la démarche. Car c'est elle qui dure et non le but qui n'est que l'illusion du voyageur, lorsqu'il marche de crête en crête, comme si le but atteint avait un sens* » (Antoine de Saint-Exupéry, « Citadelle »)

Introduction

Ce guide théorique et pratique à usage de futurs animateurs(trices) d'ateliers d'écriture est le fruit d'une dizaine d'années d'expérience avec des publics très variés, dans des contextes différents : Femmes d'agriculteurs, personnes en insertion, élèves éducateurs et animateurs (UF DEFA[1]), aides médico-psychologiques(AMP), créateurs d'activités[2], étrangers en apprentissage du français, étudiants en science de l'éducation, adultes en ateliers hebdomadaires... Les ateliers avaient lieu soit étendus sur trois mois ou un an en atelier hebdomadaires (1/2 jour) ou mensuels (1 jour), soit ramassés sur cinq jours d'affilé. Ils réunissaient entre 6 à 15 personnes autour d'une table. Dans certains cas l'atelier d'écriture était couplé avec la « démarche de reconnaissance des acquis ».

Tous ceux qui ont l'intention de se lancer dans l'animation d'un atelier parce qu'ils y ont goûté en tant que participant, qu'ils y ont trouvé du plaisir et qu'ils sont convaincus de son utilité, pourront trouver dans ce manuel quelques bases théoriques, quelques outils et des raisons supplémentaires pour commencer à animer un atelier. Beaucoup d'éducateurs, de formateurs, d'animateurs en alphabétisation ou en FLE (français langue étrangère), d'AMP, de bénévoles ou salariés de structures associatives... aimeraient organiser des ateliers d'écriture au sein

---

[1] UF DEFA : Unité de Formation pour le Diplôme d'Etat aux Fonctions d'Animation (Jeunesse et sport)
[2] EAMR : Entreprendre une Activité en Milieu Rural, Formation montée par l'ADPSPA de Tarn et Garonne, le CFPPA de Moissac, les CIVAM Midi-Pyrénées et « Culture et Liberté Garonne ».

de la structure où ils sont engagés, pour des publics très divers : enfants et adultes en difficulté, personnes privées d'emploi, handicapés, personnes âgées.... Mais il leur manque souvent l'aide nécessaire dont ils auraient besoin pour commencer. Ce guide devrait les inciter à franchir le pas, à oser démarrer, puis les accompagner dans cette entreprise.

« Des idées d'animation, des pistes toutes simples d'écriture m'ont été offertes et j'espère pouvoir, avec les jeunes du Parc St Agne, avoir l'opportunité de les partager ».
(Claude, école d'éducateurs, Toulouse, novembre 2003)

« L'animateur nous a donné des pistes, des moyens de pouvoir utiliser ces pratiques glanées, dans un cadre professionnel ».
(Cécile, école d'éducateurs, Toulouse, novembre 2003)

« Dans le cadre de mon travail où j'accompagne des personnes en grandes difficultés psychologiques et sociales, j'aimerais mettre en pratique cet atelier. Il ne me reste plus qu'à travailler un projet et m'y risquer... dans le but de permettre aux personnes... de prendre plus confiance en elles-mêmes. »
(Michèle, école d'éducateurs, Toulouse, mai 2003)

En effet, si les ateliers d'écriture ont actuellement le vent en poupe et se développent en France, ils sont encore très insuffisants compte tenu de l'importance des publics qui ne les connaissent toujours pas. Ils sont encore insuffisants en tant qu'outils d'éducation populaire pour redonner confiance à des personnes affaiblies socialement. Ils sont insuffisants en tant qu'outils de développement personnel pour les professionnels de l'éducation, de la formation, de l'animation sociale et culturelle. Ils sont insuffisants comme outils de développement de la citoyenneté et de socialisation dans les quartiers ou les pays. Ils sont insuffisants comme moyen pour démocratiser l'acte d'écrire, démocratiser la littérature.

Et les lieux de formation d'animateurs sont encore très insuffisants : Aleph-écriture et le Ciclop à Paris, les ateliers de l'Art Crû à Bordeaux, les Universités d'Aix-Marseille, de Rennes et de Montpellier… Beaucoup plus d'enseignants, d'animateurs socioculturels ou de développement local, de travailleurs sociaux, de formateurs, beaucoup plus d'étudiants, de collégiens et lycéens, beaucoup plus d'habitants en ville ou à la campagne devraient pouvoir s'intéresser, participer, animer des ateliers d'écriture dans leur contexte professionnel et géographique. Non pas tant parce que nous manquons d'écrivains mais parce que nous manquons de créateurs. Car les ateliers d'écriture, considérés avec la lorgnette de l'éducation populaire et non celle de l'Académie Française, sont des lieux de créativité et d'expression, donc de développement personnel, des lieux de socialisation et de prise de conscience de soi et des autres et donc des écoles de citoyenneté.

Il existe de multiples démarches d'ateliers d'écriture, même si la méthode d'animation reste sensiblement la même : Ateliers ludiques, surréalistes, de développement personnel, y compris en prison ou en hôpital psychiatrique, d'expression féministe, ainsi que, bien sûr, de création littéraire, ateliers poétiques ou journalistiques, écriture de chanson ou de rap, professionnels ou autobiographiques, etc. Mais il faudrait développer beaucoup plus d'ateliers d'écriture, dans le cadre de l'éducation populaire, comme outils de développement personnel, lieux de socialisation, écoles de citoyenneté.

Créer mille ateliers d'écriture

Ce guide n'a pas la prétention de pouvoir accompagner des animateurs dans tous ces genres. Il s'intéresse aux ateliers d'écriture, non pas comme des pépinières potentielles d'auteurs comme les « creative writing » aux Etats-Unis, ni même comme des lieux d'apprentissage à la « bonne » littérature (si tant est qu'on puisse en parler ainsi !) mais comme lieux de construction (ou renforcement) sociale et identitaire, comme outils pour développer la confiance en soi : Apprentissage de la créativité, apprentissage de l'expression personnelle authentique, apprentissage de la liberté d'expression dans un groupe, apprentissage de la rencontre avec d'autres. Les ateliers d'écriture doivent donc se multiplier comme lieux d'intervention culturelle et sociale, comme outils d'éducation populaire.

« Au début mal à l'aise car je me suis retrouvée avec un groupe d'éducatrices spécialisées en formation qui faisaient de très beaux textes ; à côté je me sentais ridicule, j'avais même honte de lire mes textes.
Plus tard, je me suis sentie plus à l'aise après avoir fait partager un texte que j'ai lu avec émotion et là, j'étais libérée, l'émotion était partagée.
Libérée car j'ai enfin compris que j'étais pas si différente mais que j'avais ma façon à moi d'utiliser les mots »
(Céline, AMP, Toulouse, octobre 2003)

Il faut, en effet, de la confiance en soi pour oser lire son texte devant le groupe. C'est pourtant ce qui se fait en permanence. L'atelier d'écriture permet ce saut qualitatif. Certains appellent ce temps de lecture (publique) la « socialisation des textes ». L'écriture en atelier permet de se dépasser, de dépasser sa paresse naturelle qui incite à ne jamais s'arrêter pour écrire, de s'exprimer dans des textes qui confortent chaque participant dans une position d'auteur devant le groupe lorsqu'il lui « communique » sa propre manière de penser et d'écrire.

« Dans l'écriture, j'étais timide, je n'osais pas écrire, peur de ne pas savoir, peur de mal écrire, peur de faire des fautes et surtout peur que ça ne plaise pas aux autres... J'étais timide, je n'osais pas lire ce que j'avais écrit... Je suis plus alèse[3], plus créative, plus inspirée dans l'écriture... Au fil des jours, j'ai appris des choses, pris confiance en moi et aimer cet atelier ».
(Vanessa, Toulouse, 2002)

Si l'écriture permet la structuration de l'auteur en même temps que la structuration de ses textes, c'est-à-dire la construction

---

[3] Alèse = à l'aise : Les fautes d'orthographe dans les textes cités n'ont pas été corrigés afin de montrer que dans l'atelier, l'orthographe n'est pas chose primordiale et que, même, les mauvais dans la matière ont des choses à dire, avec leurs difficultés propres dans la langue employée.

de soi par l'écriture[4], l'atelier permet aussi un positionnement de ses propres valeurs devant le groupe, une expression et une communication identitaire forte (dans sa personnalité d'écrivant, d'auteur), dans ce qui est écrit (contenu) et la manière de le dire (style ou forme).

Et ce sont ces objectifs là que les futurs animateurs d'ateliers d'écriture souhaitent généralement atteindre dans leur environnement professionnel en désirant créer des ateliers avec les personnes qu'ils ont à accompagner (habitants d'un quartier ou d'un « pays » rural, handicapés, chômeurs, prisonniers, immigrés, écoliers et collégiens...) Ils ne veulent pas transformer ceux-ci en écrivains. D'ailleurs, même les participants n'ont pas ce but. Ils veulent simplement mettre un peu plus de convivialité et de communication dans la structure ou le territoire où ils travaillent.

Ils cherchent à donner à ces personnes plus de moyens pour exprimer leurs émotions, leur histoire, leurs projets, à mettre à leur portée la possibilité d'imaginer, de créer, d'écrire enfin « dans leur propre langage ». Ils souhaitent, enfin, mettre l'écriture à la portée de tous et démocratiser l'écriture.

« Je suis en formation d'AMP (aide-médico-psychologique) et travaille dans une maison de retraite. Je souhaite évaluer ce qu'il est possible de faire dans un atelier d'écriture avec la population qui m'est confiée. Au niveau du texte mais aussi de la graphie, afin d'améliorer leur bien-être et d'être acteur de leur propre vie. Faire renaître l'envie et le plaisir d'écrire, de calligraphier, de communiquer, de jouer avec les mots, de favoriser le travail collectif, l'échange... »
(Raymonde, formation AMP, école d'éducateurs, Toulouse, 2001)

« J'aimerais voir comment mener une activité d'écriture avec des adultes déficients intellectuels qui ont du mal à écrire »
(Amandine, école d'éducateurs, Toulouse, 2002)

---

[4] Cacqueray (de) Tugdual, « L'atelier d'écriture : D'un changement de pratiques à des découvertes identitaires », mémoire de DUEPS, Toulouse le Mirail, 1997 (disponible à la « Boutique d'écriture du Grand Toulouse, hôtel de ville 31170 Tournefeuille).

En effet, les ateliers d'écriture visent et apportent une appropriation de la langue écrite par les participants, chose qu'on ne permet, paradoxalement, que très rarement.

« Dans l'écriture je paniquais auparavant. Maintenant je suis peut-être créative. J'aime écrire un peu plus. Et je veux continuer ».

(Adélaïde, Toulouse, 2002)

A l'heure de la mondialisation du système libéral qui isole de plus en plus les individus en cassant toutes les occasions d'être ensemble, en supprimant (ou en virtualisant) les lieux de rencontre, de vie, de travail et de déplacement en commun, il est urgent de recréer des lieux de convivialité et de création en groupe. Les ateliers d'écriture qui favorisent l'expression personnelle, la créativité et la communication dans le groupe génèrent, à la fois du « développement personnel » pour les participants, à la fois une certaine « socialisation » dans la construction de relations non superficielles entre les participants.

Outre l'expérience d'auto-formation que les futurs animateurs d'ateliers retireront du lancement d'un atelier, ils se donneront, se faisant, de nouvelles motivations pour approfondir eux-mêmes leur relation à l'écriture. En effet, il n'est pas possible de se lancer dans l'animation d'un atelier sans s'être déjà soi-même confronté à l'écriture. Non pas pour acquérir les règles de la « bonne » littérature et pouvoir ensuite les distiller à son public potentiel mais pour savoir ce qu'est l'écriture, pour avoir éprouvé soi-même les difficultés d'écrire ou même de se mettre à écrire, pour éprouver soi-même le plaisir d'écrire et sa propre capacité à écrire. Ils auront au moins ce temps d'atelier pour se mettre à écrire ou pour déclencher, chez eux-mêmes, un véritable besoin d'écrire. Ils se formeront à la création et à l'animation d'un groupe. Car cette confrontation au groupe est indispensable pour apprendre à animer, pour tenter d'appliquer des méthodes apprises, lues ou vues.

Il n'est pas nécessaire de démarrer sur les chapeaux de roues avec un grand atelier programmé. On peut s'essayer avec quelques personnes intéressées (4 ou 5 au minimum pour qu'il y ait

groupe), sur deux ou trois heures, sur plusieurs semaines. Il est peut-être plus facile de se lancer de manière un peu informelle au début, se former « sur le tas » dans le cadre de son environnement et acquérir de l'expérience peu à peu. Mais à condition de prendre le temps de construire son atelier, d'acquérir quelques outils (voir bibliographie) et de savoir où l'on va (finalité, objectifs, réponses à des attentes conscientes ou à percevoir...) Ensuite, il sera bien temps de proposer un atelier plus construit, dans
une structure choisie, avec un public particulier et un financement minimum à trouver.

1 – « Atelier d'écriture », marque déposée ?

Un « atelier d'écriture », c'est un groupe d'une dizaine de personnes réunies autour d'une table, dans une salle, un musée, un café ou dans la nature… avec l'intention d'écrire. Un animateur, généralement membre de l'association organisatrice de l'atelier, fixe le cadre d'écriture, amène des propositions d'écriture et guide les participants et le groupe à atteindre les objectifs de production de textes dans le respect du cadre fixé.

En début d'atelier, l'animateur explique au groupe le cadre d'écriture, de façon sommaire mais claire. En effet les consignes, les finalités et l'ambiance de l'atelier doivent être bien comprises par tous.

1.1 – Un cadre pour écrire (et quelques consignes)

Il faut toujours donner des consignes claires, faire des propositions d'écriture très simples, sans embrouillamini, sans complications : *« Ce qui se conçoit bien s'énonce clairement. Et les mots pour le dire nous viennent aisément »* écrivait Boileau. En effet, l'enjeu de suivre la proposition, de rentrer dans le jeu est déjà suffisamment difficile pour ne pas, en plus, compliquer les choses. Souvent, un exemple est plus parlant qu'une laborieuse explication. Alors, plutôt que de vous appesantir, lire tranquillement un des textes que vous avez sélectionnés et choisi pour cette proposition. Il est d'ailleurs intéressant d'amener et de demander aux participants d'amener tous les textes, les livres, les poésies qu'ils aiment pour les faire connaître au groupe. Je connais une certaine animatrice d'atelier qui ne vient jamais sans sa valise de « trésors » à faire découvrir ou comme support d'inducteurs. Et sa valise est très lourde ! Ces lectures peuvent varier agréablement la pédagogie et les temps d'écriture. Ainsi, à la lecture du « je me souviens… »

de G. Perec[5] (abrégé pour ne point ennuyer), les participants comprennent rapidement qu'il va leur être demandé d'écrire selon le même schéma. Ils prennent conscience aussi qu'un texte très personnalisé en fonction des souvenirs de l'auteur, peut devenir le miroir d'une époque (nécessité de l'implication dans l'écriture). Cela demande donc, de la part de l'animateur, la sélection et le classement d'un certain nombre de textes qu'il pourra lire en fonction des propositions d'écriture qu'il va apporter.

« On attend deux choses de la proposition : Qu'elle donne envie d'écrire, d'abord, et qu'elle provoque l'écriture de façon instinctive ».
(Gérard Lapagesse, auteur et animateur)

Première consigne :

Il n'y a pas des bons et des mauvais textes ; tout est bon à dire et à écrire. Chacun exprime des images, des émotions, des choses qu'il est seul à pouvoir dire et dans un style qui lui est propre. On ne peut comparer du rap à une poésie de Lamartine, ni une lettre administrative à une chanson de Barbara. Tout est donc acceptable (surtout lors d'un premier jet), tout est intéressant pour telle personne ou dans tel contexte. Ainsi, rien n'est critiquable en général et dans l'atelier. C'est la base du respect de l'autre, de la tolérance et de l'ouverture aux autres textes, aux autres styles, aux autres personnalités du groupe. C'est un principe important de l'atelier : écouter les autres pour apprendre et peut-être se servir de ce que j'ai appris des autres pour construire ma propre façon d'écrire. L'atelier d'écriture est un atelier coopératif où les savoirs, qualités, originalités des participants servent à l'enrichissement du groupe. Tolérance, coopération et créativité deviennent les valeurs qui soudent et construisent le groupe. Et l'animateur est le garant de ces valeurs collectives tout au long de l'atelier. C'est le respect de chacun par tous, dans un climat coopératif et de création collective, qui permettra à chaque participant de se sentir en

---

[5] Brainard Joë, « I remember », Acte Sud (aurait inspiré Perec sur le thème du « Je me souviens… »)

confiance pour écrire et lire, pour dépasser craintes et contraintes, pour se dépasser dans l'écriture et devenir créatif. C'est le principal travail de l'animateur : veiller à ce que chacun puisse s'éveiller, donner au groupe la capacité collective de devenir permissif (ouvert à tous les possibles) pour chaque participant. L'atelier d'écriture est un espace « d'échanges réciproques de savoirs ».

« J'aime la façon de nous dire que tout est bon à écrire, que tout peut être lu, qu'à partir du moment où on fait la démarche d'écrire, c'est bon, c'est positif, ce ne sera pas nul.
C'est ça, je pense, qui fait qu'on part de cet atelier avec l'envie d'écrire.
Je trouve aussi sympa les petits jeux qui unissent le groupe (cadavres exquis par exemple) ; cela évite un « isolement artistique » que je craignais au début de l'atelier »
(Laetitia, école d'éducateurs, Toulouse, octobre 2003)

Deuxième consigne :

Ne pas réfléchir, contrairement à ce qui est demandé à l'école. En tous cas, s'efforcer d'aller vite et de se laisser guider par la main et le stylo plutôt que par la tête. C'est la base de l'écriture automatique, pratiquée d'abord par les surréalistes dans les premiers ateliers d'écriture, afin de laisser parler le subconscient et la subjectivité plutôt que la raison, l'écriture de commande ou ce que notre autocensure nous dicte comme étant la bonne ou la mauvaise écriture en fonction de nos références scolaires et sociales. Ecrire n'importe quoi sans soucis de forme, de grammaire, de style ou de littérature. Ne pas se soucier d'écrire bien ou mal mais écrire comme ça vient, au hasard des mots, des souvenirs, des associations d'idées en se laissant aller, en se laissant surprendre. Car c'est cela, écrire. Et si cette manière d'écrire ne nous est pas naturelle ou facile, certaines propositions d'écriture qui seront amenées par l'animateur au cours de l'atelier auront cet objectif et cet effet là. Point n'est donc besoin de s'en faire une montagne. Cela viendra peu à peu, d'autant plus que le « décrochage » par rapport au monde logique et à la « bonne « écriture, sera un des objectifs de l'animateur tout au long de l'atelier et pour chacun des participants. On a tous le droit de tâtonner, de se tromper et de sortir des chemins battus. Vive la créativité.

« Je me suis surprise dans cette activité, les mots, les phrases me manquaient et des idées parfois. Alors j'ai puisé dans mon patrimoine culturel et en moi pour trouver l'inspiration tout en laissant ma plume parler à ma place... Cet atelier m'a fait découvrir les richesses qui sont enfouies en moi... M'a fait apprécié ce que j'avais perdu».
(France-Line, «école d'éducateurs, Toulouse, mai 2003)

Troisième consigne :

Présentation du cadre d'écriture
L'atelier d'écriture est toujours construit selon quatre séquences plus ou moins longues et renouvelables avec :
- Un temps de proposition faite par l'animateur ou l'un des participants, pour se donner les inducteurs propices à l'écriture, à la production de textes.
- Un temps d'écriture individuelle où chacun produit du texte (même dans le cas de textes tournant, l'écriture est, en effet, toujours individuelle).
- Un temps de lecture au groupe (jamais obligatoire) et d'écoute attentive des textes.
- Un temps de réaction (toujours positivée car tout peut se dire et s'écrire) où chacun peut exprimer son plaisir, ses sentiments, ses émotions (mais jamais des critiques).

Quatrième consigne :

L'atelier n'est pas un lieu pour apprendre à écrire ou à bien écrire (sauf dans les ateliers construits dans ce but), **mais pour prendre du plaisir à écrire**, apprendre à jouer avec les mots, se surprendre à écrire n'importe quoi ou ce qui était enfoui en soi, oublier la grammaire et la syntaxe et... **trouver sa propre écriture**, son propre désir d'écrire.

Cette consigne doit impérativement guider l'animateur dans sa pédagogie et la progression de l'atelier (d'abord intéresser et amuser les participants) mais ne doit pas forcément être annoncée aux participants, du moins en début d'atelier, parce qu'elle peut déstabiliser ou effrayer ceux qui sont venus avec la ferme intention d'apprendre des règles pour bien écrire. Lorsqu'ils auront dépassé certaines inhibitions et trouvé leur propre chemin, ils oseront écrire. Dans la pédagogie de l'atelier, comme dans toute pédagogie, il nous faut inventer les « détours pédagogiques » qui amèneront, doucement, les participants à leur but, sans qu'ils s'en aperçoivent. Surtout pas avec les méthodes d'apprentissage scolaires qui leur ont déjà fait connaître l'échec. Emprunter plutôt des chemins buissonniers, des chemins de traverse, seulement préoccupés de surprendre, de se surprendre et d'y trouver du plaisir. On ne va pas se perdre, tous les chemins ne mènent-ils pas à Rome ?

Lorsque les participants auront dépassé certaines inhibitions et trouvé leur propre chemin, ils sauront écrire. Mais de cela, il faut que l'animateur soit bien convaincu : Tous les participants, en fin d'atelier, seront capables d'écrire (dans leur propre style et avec leur personnalité propre). **C'est l'objectif de l'animateur que de viser l'autonomie de chaque participant dans son écriture.** Il doit réussir la gageure de persuader chaque participant que s'il veut écrire, il peut le faire. Et qu'il suffit de s'y mettre. Puis de continuer…

« J'attendais de ce stage des moments ludiques, créatifs et j'ai trouvé des moments magiques. Je me suis sentie bien à l'aise dans l'univers des mots, des phrases, des verbes. Je pense avoir trouvé également plus de confiance en moi… Entre les jeunes éducatrices en formation et les AMP, une chimie sympathique s'est réalisée ».
(Claude, formation AMP, Toulouse, octobre 2003)

Cinquième consigne

Confidentialité et responsabilité : Chacun est libre d'écrire ou non, de lire ses textes ou pas, de les réécrire plus tard ou de les jeter. C'est sa responsabilité personnelle de rentrer dans le cadre d'écriture et de suivre les propositions qui sont données ou de s'en éloigner. Dans la mesure où il ne gêne pas le fonctionnement de l'atelier, chacun est libre de s'intégrer plus ou moins fortement, plus ou moins vite dans la dynamique du groupe. L'animateur doit laisser du champ à l'autonomie de chacun et à sa personnalité. Mais ce qui est dit et écrit dans l'atelier ne regarde que les participants (sauf si le groupe décide de communiquer les productions à l'extérieur). Ce que l'animateur doit bien indiquer en début d'atelier, c'est que **chacun est libre de lire ou non ses textes**. Les différentes propositions d'écriture doivent permettre à tous de trouver une entrée personnelle dans l'écriture. Mais tous ne se sentent pas forcément à l'aise dans un genre ou un autre. Ce n'est pas grave. Parce que ça viendra pour tous. Petit à petit. Il ne faut pas brusquer les choses et les gens. La dynamique du groupe et le climat de confiance installés feront plus que toutes les injonctions de l'animateur. Laisser du temps au temps. **Laisser à chacun son temps.**

« *Cette ambiance de confiance et de confidence a permis au groupe d'être rapidement soudé* ».
(Nathalie, école d'éducateurs, Toulouse, octobre 2003)

Sixième et dernière consigne

S'il est important que chaque participant connaisse bien le cadre de l'atelier pour s'y conformer, il est tout aussi important, pour l'animateur, de veiller à ne pas l'assommer, surtout en début d'atelier, avec un long discours, une énumération fastidieuse de règles, un labyrinthe de choses permises ou non. L'animateur veillera donc à ne dire que le strict minimum : Le droit de tout écrire, le droit de lire ou non, le respect des autres et la consigne de « ne pas trop réfléchir ! ». Il indiquera au tableau les 4 temps de l'atelier. Et, tout de suite, il faudra commencer à écrire pour montrer que le but de l'atelier est de produire des textes. Il vaut mieux entrer dans l'action que faire un discours « sur » ! **En atelier d'écriture, on est là pour écrire, pour produire des textes. Donc, écrivons !**

2 – Animer, pour quels enjeux ?

2.1 – Redonner le goût d'écrire

Animer un atelier d'écriture signifie vouloir **casser les représentations** normatives des participants par rapport à l'écriture.

En effet, ceux-ci ont, généralement, une vision de l'écriture liée à leur apprentissage de la grammaire, de l'orthographe, de la littérature et des différents styles littéraires à l'école. Il n'y ont jamais appris à écrire, c'est à dire à y être impliqué, encore moins au niveau de la forme qu'au niveau du contenu, dans leur propre style d'écriture. Ils n'ont, sans doute, jamais recherché du plaisir dans l'écriture. Ils n'ont jamais cherché ni trouvé leur manière d'écrire personnelle. Ils n'ont, sans doute, voulu que reproduire la grande littérature « classique » reconnue dans les manuels scolaires, même si, depuis peu, Boris Vian, Queneau ou Perec y sont admis (à une place bien spécifique). Rarement, recherche de **créativité, surréalisme** ou même **subjectivité** y sont acceptés. D'entrée, nous privilégierons donc, en atelier, ces trois critères d'écriture qui reflètent : **Le droit d'être soi, le droit au plaisir, le droit de « mal » écrire**, c'est-à-dire le droit d'expérimenter, d'innover, de créer d'autres écritures en inventant des mots, d'autres orthographes et donc le droit de faire des fôtes, d'écrire en des styles étranges et même dans des langues étrangères, en usant de détournements de structures, de mots et de styles… Bref, nous privilégierons la création de la langue propre à chacun des participants en s'amusant, sans règle ou en créant ses propres règles, sans modèle ou référence précise. Nous privilégierons **la recherche du plaisir !**

« *Je me suis rendu compte que écrire était donné à tout le monde ; mais il suffit de sans donner la peine. Ecrire, s'est avoir le sentiment et **la sensation de plaisir** ».*

(Sylvie, école d'éducateurs, Toulouse, mai 2003)

« *Confirmation de mon goût pour l'écriture et de ce que je suis, moi, face à elle. Conscience aussi de tous ces blocages, limites,* *défenses, protections, de tout ce carcan scolaire, social, personnel, inhibant l'énergie, le désir, la volonté, la création. Moi qui n'avait plus le temps, plus l'envie, plus ceci, plus cela, et si cet atelier m'avait **redonné le goût d'écrire** ne serait-ce qu'une ligne par jour ? »*

(Gilles, Toulouse, 2002)

*« Je ne suis pas Rimbault, je ne suis pas Verlaine ; j'écris avec les mots qui viennent du cœur, mes mots à moi. Cet atelier m'a finalement apporté beaucoup ; j'ai appris à me libérer, m'évader sur une feuille de papier, ce dont je ne me sentais pas capable. Ecrire, c'est devenu plus facile. **L'amour des mots et des phrases** qu'on laisse échapper de notre stylo nous surprend parfois agréablement car je me demande si c'est bien moi qui ai pu écrire ce texte ».*

(Céline, école d'éducateurs, Toulouse, octobre 2003)

« Dans cet atelier il me paraît avoir apprivoisé le crayon et la feuille et d'avoir eu confiance aux mots, à ceux qui venaient tout simplement. Le travail écrit prend, pour moi, aujourd'hui, une autre dimension ».

(Michèle, école d'éducateurs, Toulouse, mai 2003)

« J'ai découvert l'écriture dans un style totalement nouveau pour moi »
(Florence, école d'éducateurs, Toulouse, octobre 2003)

*« **Il y a eu le plaisir avant tout**, celui de découvrir et d'apprendre des nouvelles sonorités, des nouvelles couleurs d'écriture ;*

***Il y a eu l'étonnement** de voir balayé tous ses préjugés sur la simple lecture d'un texte, d'une personne qu'on a jugé hâtivement...*

***Il y a eu l'émotion** engendrée par tant de confidences. Une intimité soudaine et puissante qui ne laisse personne indifférent... »*

(Nathalie, école d'éducateurs, Toulouse, octobre 2003)

2.2 – Donner « confiance en soi »

Pour cela, l'animateur n'a **qu'un seul but : changer les pratiques d'écriture** des participants et **qu'une finalité : leur donner confiance dans leur capacité à écrire.** Cela veut dire aussi que chaque participant doit pouvoir oser écrire et lire ses textes. L'atelier n'existe que pour la production de textes par tous. Et, généralement, tous les participants vont très vite se mettre à écrire, à produire. C'est tout le travail de l'animateur, de permettre à chaque participant de retrouver les phrases qu'il a écrites dans un texte tournant -un cadavre exquis- sans trop impliquer les personnes dans un premier temps. Ou de dédramatiser l'écriture par une série de jeux. L'une des tâches principales de l'animateur sera de veiller à ce que chacun produise des textes et arrive progressivement à les lire devant le groupe. Chacun doit trouver une certaine satisfaction et même du plaisir dans l'attitude accueillante du groupe pour ses propres productions, dans les réactions du groupe et de l'animateur. **L'animateur cherchera à varier les approches pour permettre de trouver sa voix -et sa voie- afin que chacun puisse se valoriser** dans telle ou telle approche : Les jeux de mots ou l'écriture collective, l'écriture à visée autobiographique ou la fiction, la description ou la poésie, les délires personnels ou l'accumulation d'images… La construction même de l'atelier, la progressivité pédagogique, le dosage de textes impliquants, de créativité, de jeux collectifs… doit être réfléchie dans l'ordre des propositions d'écriture. Ainsi l'animateur accompagne l'ensemble du groupe et, individuellement, chacun des participants, non pas pour qu'il devienne « le meilleur » en écriture mais pour que chacun puisse déclarer, en fin d'atelier :

« *Maintenant, je sais que **je suis capable d'écrire**, si je veux* ».
« *Dans l'écriture, j'étais timide. J'avais du mal à faire de belles phrases, de donner du rythme dans mon texte ? Je n'aimais pas ce que je faisais ? Je n'avais pas d'inspiration, d'imagination et je ne faisais que des écrits neutres : L'écriture n'était pas pour moi un moyen d'évasion.*

*Dans l'écriture, je suis plus à l'aise. J'ai réussi à trouver un style d'écriture différent. Ecrire, c'est du courage. Celui d'exprimer ce qui pourra être lu. Et ce courage, l'atelier m'a aidé à l'avoir. Maintenant, **je commence à aimer écrire** ».*

(Amandine, Toulouse, 2002)

« *Dans l'écriture, je suis à l'origine un peu étriqué, opprimé par la rigueur formelle des écrits professionnels. Depuis cet atelier, grâce à l'écriture, je suis. Je me suis découvert une réelle passion pour cette discipline contraignante.*
***J'ai gagné de la confiance**, la certitude que ce que j'ai écrit sera écouté et plus seulement entendu* ».

(Philippe, école d'éducateurs, Toulouse, mai 2003)

« *J'ai plus confiance. En tout cas, cet atelier m'a permis de **découvrir une face cachée de moi** et j'en suis ravie* ».

(Céline, école d'éducateurs, Toulouse, octobre 2003)

« *De cet atelier, je retiendrai de m'être sentie perméable. Ce mot « perméable » a beaucoup de significations pour moi car, dans ce contexte, il veut signifier que **je me suis ouverte à moi-même**, aux autres et à tout ce qui m'a été donné* ».

(Anne, école d'éducateurs, Toulouse, octobre 2003)

2.3 – Construire un groupe pour permettre l'écriture

L'animateur n'a qu'un seul véritable outil : le groupe lui-même qui va faire partie intégrante de sa pédagogie grâce à la **« dynamique de groupe »** (Kurt Lewin) qu'il va instaurer et la gestion même de cette dynamique grâce au principe de la **« non-directivité »** (Carl Rogers)[6]. Il va donc, dans un premier temps, se donner pour tâche de construire le groupe par des propositions d'écriture qui vont souder les participants entre eux.

---

[6] Voir plus loin le chapitre portant sur « les pratiques de groupe »

« C'est le groupe et les techniques du formateur qui m'ont amené là où j'en suis aujourd'hui. J'étais très à l'aise dans ce groupe, je m'y suis fondue. C'est lui qui m'a apporté la possibilité d'écrire et de lire mes textes ».
(Laetitia, école d'éducateurs, Toulouse, octobre 2003)

« Tout au long de cette semaine le groupe se solidifiait à travers les récits...Chacun découvrait l'autre en profondeur et la personnalité de chacun ».
(France-Line, école d'éducateurs, Toulouse, mai 2003)

Les « cadavres exquis », les « brain-storming[7] », les cogitations en petits groupes (de 3 personnes) puis en grand groupe... participent à créer le groupe dans le plaisir, par le jeu, par la construction de textes en commun. Il faut que les participants s'aperçoivent que chaque membre du groupe est une source unique de créativité particulière, soit en matière d'écriture, soit en matière relationnelle. Très vite le groupe aura envie et tentera de soutenir les participants jugés silencieusement « en difficulté ». Il faut que tous découvrent que la productivité du groupe est supérieure à la somme des apports de chacun et que sa propre productivité est induite ou soutenue par la dynamique du groupe.

C'est d'ailleurs le but de l'animateur de construire un atelier coopératif, un atelier d'échanges réciproques de savoirs où chacun peut profiter des apports des autres et trouver du plaisir à voir ses trouvailles enrichir les potentialités du groupe.

« Je suis touchée par ce que nous avons partagé ensemble ; touchée par l'émotion que les textes dégageaient ; touchée aussi par l'écoute, l'attention de tous les participants. Je regrette que l'atelier (5 jours) se finisse déjà ».
(Amandine, Toulouse, 2002)

---

[7] Le brain-storming (ou tempête des cerveaux) est une méthode d'animation de groupe pour faire advenir des idées et de la créativité. Employé couramment en pédagogie d'adultes il permet, en même temps, de « créer » un groupe par un travail sur une tâche commune.

2.4 – Responsabiliser, autonomiser chaque participant

Pour permettre à chacun de trouver sa propre entrée dans l'écriture, il peut être bon, en cours d'atelier, de faire comprendre aux participants que, s'il existe des consignes à respecter, des propositions d'écriture à suivre, un cadre d'écriture dans lequel évoluer, l'atelier laisse toujours aux participants **le choix** de suivre ou de ne pas suivre la consigne, de lire ou de ne pas lire, d'écrire sur une proposition ou de la détourner, de respecter le cadre imparti ou de l'ignorer. Pour expliciter cette possibilité de rester dans le cadre ou de s'en échapper, il faut d'abord que ce cadre soit bien compris et bien accepté (tacitement : qui ne dit mot, consent) par tous ; montrer ensuite que si les contraintes d'écriture aident à écrire, à démarrer un texte, il ne faut surtout pas s'y laisser enfermer. Ce ne sont que des inducteurs pour se lancer. On doit pouvoir partir dans n'importe quelle direction, créer ses propres contraintes, inventer son style et sa chanson. Sinon, quelles possibilités l'écrivant a-t-il de se laisser surprendre dans son écriture ? Pour expliciter cette possibilité, l'animateur peut faire réfléchir le groupe sur le problème des 9 points de l'école de Palo-Alto :

Les 9 points :

```
        O     O     O


        O     O     O


        O     O     O
```

Rejoindre les 9 points avec 4 segments de droite sans lever le stylo On ne trouvera la solution que **si on ose sortir du cadre** qu'on imagine tracé en carré par les 9 points.

Pour **expliquer** métaphoriquement **les pratiques de l'atelier** et de la vie :

Si on se cantonne aux chemins connus, on ne crée pas, on n'imagine pas de nouveaux possibles. Les propositions d'écriture ne sont que des impulsions à écrire.

Si on s'efforce de les respecter à la lettre, on pourra, écrire des palindromes comme Georges Perec dans *La disparition*, sans utiliser la lettre e . Parce que la contrainte favorise la créativité comme le dit ce haïku :

Laissons les venir
Les fabuleuses contraintes
Elles sont Liberté .

Et que, paradoxalement, il est plus facile de démarrer un texte sur une contrainte, avec une proposition, qu'avec la plus complète liberté qui ne peut être que chaos lorsqu'on n'a pas l'habitude de se fixer des règles, un thème, un cadre pour écrire ! Mais si on contourne les contraintes imparties, si on les ignore, les dépasse, les oublie… c'est qu'on est parti ailleurs… dans son écriture, dans ce qu'on a à écrire, dans **ce qu'on doit écrire**.

« *M'enfin, laissez-moi donc tranquille, **j'écris** »* !

3 – Changer les pratiques et les représentations

3.1 – Revendiquer sa propre façon d'écrire

Ce changement de pratiques, de façons d'écrire et d'écriture en groupe doit progressivement amener les participants à **accroître leur propre confiance en eux-mêmes** et en leur capacité à écrire sur un ton, dans un style et avec un contenu qui caractériseront leur propre manière d'écrire, leur propre manière d'être « soi » dans l'écriture et de se dire aux autres. Viendra ensuite le plaisir de la réécriture, de la re-création ou de la saisie d'un texte à l'ordinateur. Il peut même être complètement réécrit, remanié. L'important est que l'auteur s'y retrouve et décide, lui même, si son texte doit paraître de telle manière ou de telle autre ; c'est **que l'écrivant se revendique comme l'auteur** de son texte. Lors de la production de textes longs ou impliquants, il peut être bon de demander à chacun de signer son texte, au moins de son prénom.

C'est donc le premier objectif opérationnel de l'animateur. Permettre à chaque individu de se trouver dans l'écriture, de revendiquer sa propre manière d'écrire, de **se forger sa propre identité d'écrivant**, sinon d'écrivain. L'animateur doit rechercher la méthode qui permettra aux participants de se sentir capables de dire des choses originales, ces choses que chacun porte en soi et qu'on a tous envie d'écrire ; et que seulement « **soi** » a le pouvoir d'écrire. Autonomie, responsabilité, créativité !

« Dans l'écriture, j'étais quelqu'un qui ne créait pas. Mes écrits ne retranscrivaient toujours qu'une commande, une consigne que j'avais appris – sur n'importe quel thème je réécrivais ce que d'autres avaient dit – Aujourd'hui, j'ai découvert que moi aussi, je pouvais inventer – chose qui ne m'avait pas effleuré l'esprit – Dans mes textes, avec ou sans contrainte (puisque je peux les détourner), je peux écrire mes envies, mes sentiments... Je ne pensais pas en être capable et pourtant j'ai produit et parfois joliment ». –

(Alice, Toulouse, 2002)

Ainsi, cette confiance en soi pourra se traduire, pour chaque participant mais à des degrés divers, car chacun a aussi le doit de marcher à son pas, par la faculté d'oser écrire, d'oser créer, d'oser dire « je » ; de prendre du plaisir à écrire en osant détourner, en osant jouer, en osant inventer. Bref, en devenant capable d'être l'auteur de ses propres écrits, **capable d'écrire** ! Et l'atelier n'est surtout pas un lieu de compétition !

« Dans l'écriture, j'étais tel un pèlerin à la recherche de son chemin. J'étais coincée, paniquée, affolée. Je vivais l'écriture comme une contrainte, comme une plainte. Je cherchais mon style, mais pour cela j'avais besoin d'un guide.
Dans l'écriture, j'ai fait un bout de chemin. Je suis ravie, embellie et grandie. Même si je ne suis pas encore très à l'aise, un certain plaisir dans l'écriture m'est venu... Et que de bonheur ensemble, j'ai vécu. Je vous le dis, l'écriture m'a eu ! »
(Christine, Toulouse, 2002)

Que chacun puisse affirmer, devant le groupe, son identité d'auteur, sa spécificité dans l'écriture, ses gaucheries et ses trouvailles, ses expérimentations en matière de vocabulaire ou dans sa manière d'agencer les mots, les phrases et les images, ses souvenirs, ses impressions et ses idées. **Que chacun puisse** revendiquer ses propres écrits ; les lire et les signer ; se les approprier. Et dire sa propre manière de faire de la littérature ; de communiquer son propre langage.

Pour apprendre à écrire, il faut d'abord écrire. Surtout si on ne cherche pas à copier ou à reproduire, mais si on est en quête de sa propre manière d'écrire. Il faut expérimenter chercher, créer. **« C'est en écrivant qu'on devient écriveron »**[8]. Et l'atelier d'écriture est exactement fait pour cela. L'animateur aura donc pour tâche de mettre en place un cadre d'écriture facilitateur pour atteindre les objectifs fixés : **Produire et changer les pratiques normatives d'écriture** des participants. Dans le fond et dans la forme.

---

[8] « Les ateliers d'écriture » Claire Boniface et Odile Pimet, Ed Retz (pédagogie), Paris, 1992

« **Je suis…** » (Proposition à continuer).

Je suis le tic-tac du réveil
Je suis le temps qui passe
Doucement
Je suis le temps qui lasse
Je suis la vie qui coule.

Je suis douce et amère,
Comme un citron vert.
Je suis toujours
En retard,
Toujours à l'envers.

Je suis le temps qui attend,
Le temps qui donne le temps.
J'aime prendre le temps,
Du temps, j'en ai toujours
Plein mes poches.
Mais pourquoi suis-je toujours,
Toujours à contre-temps ?

(Annick, atelier de Prayssac, 1995)

3.2 – Pratiques d'écriture en groupe

Dans « atelier d'écriture », c'est « atelier » qui vient en premier : Pas d'écriture sans le groupe d'abord. C'est le groupe qui est le vecteur de l'écriture et certains disent n'arriver à écrire que dans l'atelier. Chez eux, ils n'y arrivent plus. C'est vrai qu'en atelier d'écriture, on ne vise que cela, que l'atelier n'est fait que pour écrire. On y a le temps. On n'y vient que pour cela. Et dans la vie courante c'est ce qui nous manque le plus, le temps pour écrire. Le plus difficile ce n'est peut-être pas d'écrire, c'est de s'arrêter devant une table avec du papier et un stylo (ou même devant l'ordinateur) pour faire autre chose que de l'écriture de commande, pour créer.

C'est le groupe qui stimule l'écriture, la créativité, montre la richesse des trouvailles, permet les échanges de mots, d'images, de styles. C'est encore le groupe qui devient public à la lecture des textes et qui renvoie à chaque participant, même silencieusement, de la joie et du plaisir, de l'amusement dans les yeux, de l'admiration pour telle lecture ou pour la progression de tel individu entre deux textes ou deux journées, la certitude d'avoir dépassé l'écriture apprise et d'accéder, enfin, à la création, à l'implication… **C'est le groupe, le miroir** qui reflète chaque participant dans sa pratique, sa posture, sa production particulière. C'est pour cette raison que le groupe est le premier, le meilleur outil d'animation de l'animateur.

C'est donc d'abord un changement, d'une pratique individuelle à des pratiques d'écriture dans un groupe : l'atelier. Jusqu'à maintenant les participants, pour ceux qui s'y essayaient, écrivaient seuls chez eux, pour eux-mêmes ou pour un professeur qui, seul, pouvait lire leur rédaction, leur dissertation ou leur mémoire de fin d'études. En atelier, on écrit encore seul (généralement), mais sur des propositions communes à tous et dans le but de lire ses productions au groupe. Le groupe devient ainsi le public de tous les apprentis-écrivants. Le groupe devient miroir : même si la consigne est de ne jamais critiquer un texte puisqu'on a tous le droit d'écrire n'importe quoi, la lecture provoque toujours des réactions dans le groupe ou un manque de réaction qui n'en est pas moins significatif. Sourires, rires francs, admiration, applaudissements parfois quand cela devient trop évident, encouragements discrets…

Le groupe est toujours un grand pédagogue. Le groupe devine vite quel participant, un peu timide, moins expert, il doit protéger, encourager, pousser et lequel, au contraire, il doit freiner ou admirer sans ostentations. Parce que chacun perçoit la nécessité et la difficulté de lire ses textes devant le groupe, ou, au contraire, souhaite révéler -se révéler par- un texte intéressant, chacun est attentif à l'autre, pour qu'il progresse. Chacun respecte l'autre et son rythme différent. Si l'animateur y veille, la tolérance et l'ouverture aux autres textes deviennent des vertus propres au groupe, auxquelles plus personne ne voudra jamais déroger. Cela devient la règle du groupe et chacun peut alors s'exprimer tranquillement, sans peur des jugements inexistants et inutiles. Chacun perçoit toute la latitude, toute la permissivité que le groupe lui octroie et qu'il peut donc s'octroyer. Puis chacun s'aperçoit vite de la grande richesse du groupe à cause des ressources très différentes de chaque participant.

« L'atelier s'est déroulé dans une ambiance sécurisante, nécessaire à la création. Les participants se sont montrés très positifs et coopératifs, favorisant un climat propice à l'écriture qui est souvent un exercice intime et qui nécessite, pour la lecture, le développement d'un sentiment de confiance émanant du groupe. Ce décor là, riche et serein, l'animateur l'a très bien planté (comme un arbre en forêt !) »

(Laurence, Toulouse, 2002)

3.3 – Pratiques différentes d'écriture

L'atelier, c'est aussi un changement de pratiques d'écriture par les propositions d'écriture données par l'animateur. Il doit, pour cela, avoir à portée de main un « panier » d'outils qu'il se construit peu à peu : propositions d'écriture nombreuses et variées qu'il peut reprendre et transformer à son gré, textes divers qu'il a réunis pour en faire la lecture avant de donner la proposition d'écriture qu'elle illustre bien. En effet, ces propositions sont, le plus souvent, des propositions d'écriture ludiques, d'écriture créative faisant appel à l'imaginaire ou d'écriture autobiographique faisant appel aux souvenirs et à la mémoire impliquant le « je » dans l'écriture.

Peu à peu, l'animateur trouvera presque naturellement, en fonction de l'instant, de l'ambiance du groupe, de l'envie ressentie des participants… une intuition pour amener telle ou telle proposition d'écriture : Jeu ou poésie, écriture longue ou courte, écriture sur soi ou fiction. Et s'il n'en a pas sous la main, il en inventera une.

Mais la déconstruction des vieilles représentations - l'écriture comme art impossible à atteindre ; soi-même, si petit pour oser faire de la littérature ; de très anciennes peurs ou inhibitions à surpasser ; peur de la page blanche - **est l'un des objectifs opérationnels les plus importants** que l'animateur doit mettre en œuvre. Aussi, tout doit être matière à changer l'ancien regard des participants. Même au prix d'une très réelle, d'une véritable déstabilisation. Pour permettre des changements dans leurs représentations, cette déstabilisation est nécessaire. D'où l'importance énorme de permettre, de favoriser, de susciter des écritures surréalistes, psychédéliques, poétiques... et des fautes d'orthographes ! La permission d'écrire n'importe quoi, de défier la raison, la grammaire, l'orthographe, et même la beauté ou la morale.

D'où l'importance de bien choisir ou inventer des propositions d'écriture en fonction de cet objectif. D'où l'importance du surréalisme, de l'écriture automatique, de la poésie, du haïku...
Comme cette proposition qui peut être amenée lorsque les participants se connaissent déjà un peu : tous écrire sur le prénom de chaque participant.

« Françoise, tu nous toises,
Tu nous regardes comme une ardoise
Dégoulinante de framboise
Cran-froise et San-froise
Vous passerez sous l'armoise
Pour annoncer les fins de moi-ze
Ne pas finir au fond de l'Oise.
Deux et deux font toise
Dans la chanson de la pivoine ».

Atelier du Dueps[9], Toulouse, 1995

---

[9] Diplôme Universitaire d'Etude des Pratiques Sociales

3.4 – Rendre conscient son propre rapport à l'écriture

La motivation des participants pour s'inscrire ou accepter de venir en atelier d'écriture est primordiale, indispensable. Naturelle lorsque les participants s'inscrivent d'eux-mêmes à l'atelier, lorsqu'ils choisissent cet atelier plutôt qu'un autre, pour une raison ou pour une autre qu'il sera intéressant de mettre en lumière, pour l'animateur et pour chacun des participants, la motivation devra être travaillée pour des participants qui y sont un peu forcés - atelier inclus dans un stage d'insertion par exemple. - Dans l'idéal, ne devraient participer que des personnes volontaires et intéressées. Mais, quelles que soient les motivations des participants, et même s'ils ne se sont inscrits que pour voir, ceux-ci sont toujours dans **une démarche de découverte ou de changement**. Au delà de la curiosité - où l'on s'attend même parfois à découvrir la graphologie dans l'atelier d'écriture, - il y a toujours dans la démarche des futurs participants **une recherche** en écriture, soit dans sa forme, le bien écrire des liés et des déliés de nos grands parents ou la calligraphie, soit dans le style *« je veux améliorer mon style ou mon orthographe »*, soit sur le fond *« apprendre à mieux écrire, savoir, pouvoir dire des choses à d'autres, dire des choses simples, communiquer »*. Les participants souhaitent généralement **découvrir un monde jugé inaccessible** ou difficile d'accès, réservé à une élite d'écrivains, ceux qu'on leur a fait lire en classe, ceux qui ont écrit les livres qu'on leur conseille de lire.

Il est toujours intéressant, pour l'animateur et pour les participants, de recueillir les motivations de tous en début d'atelier. Ce peut être une des premières propositions d'écriture lorsqu'il s'agit d'un atelier d'une certaine longueur, à condition de l'introduire de façon ludique et non comme un exercice : je bannis, d'ailleurs, le mot « exercice » de ma présentation, trop lié, à mon avis, aux représentations de l'école. Ne pas oublier que les premières minutes, la première matinée, sont primordiales pour accrocher la curiosité, l'intérêt des participants. Cette entrée en matière est donc à préparer en conséquence.

Le recueil des attentes servira en fin d'atelier comme un indicateur de départ auquel on pourra confronter le bilan de la fin. **Il servira donc à évaluer le chemin parcouru** en atelier, tant dans l'écriture que dans le degré de plaisir éprouvé, dans la production comme dans la connaissance des autres participants, dans sa propre capacité à écrire et dans la qualité des textes produits…

Attentes par rapport à l'atelier (à proposer en tout début d'atelier) :
Proposition : j'aimerais… Continuer. Ou vœux pour les 5 jours d'atelier.

« J'aimerai à travers cette semaine d'atelier, écrire, me laisser écrire, Laisser courir la plume. Faire se côtoyer des mots insensés, des mots incongrus !
J'aimerai également me bercer des mots des autres et permettre aux miens d'exister.
Enfin prendre le temps de divaguer sur une feuille comme je ne fais que si rarement… »
(Caroline, école d'éducateurs, Toulouse, mai 2001)

« J'aimerais avoir plus confiance en moi pour, ensuite, aider d'autres personnes qui ont des problèmes pour apprendre à lire et écrire le français, comme les jeunes dans les cités et même les adultes pour les aider à s'intégrer dans la société et trouver leur chemin ».
(Saïda, école d'éducateurs de Toulouse, Octobre 2001)

« J'aimerais apprendre à mettre en forme des idées avec des phrases simples et compréhensibles par tous. Apprendre à aimer l'écriture et la lecture car je déteste cela. Apprendre à travailler la concentration et surtout, essayer de faire disparaître l'angoisse que le stylo et la feuille blanche me procure ».
(Ali, école d'éducateurs de Toulouse, Octobre 2001)

« Attentes : Celles du partage, des émotions, d'une technique pour rendre l'écriture « plaisir »
(Sylvie, école d'éducateurs, Toulouse, octobre 2001)

« *Je souhaite, à travers cet atelier, réapprendre à lâcher prise, à laisser courir la plume au rythme des idées, des pensées, des sentiments, des sensations... J'utilise le mot réapprendre car lorsque j'étais plus jeune, j'usai et j'abusai de l'écriture. A la fois en solitaire pour être moins seule et sous forme de partage au travers de longues lettres. Et voilà qu'aujourd'hui, je ressens comme un blocage face à la feuille blanche... Je voudrais poser des mots sur ce flot de moments de vie, sans restriction* ».
    (Aurélie, formation AMP, école d'éducateurs, Toulouse, 2001)

« *L'écrit parce qu'il m'est difficile, parce que je fais beaucoup de fautes, parce que mes phrases sont lourdes... Mais j'aime écrire... Dans ma carrière d'éducatrice, j'utiliserai volontiers l'écriture comme support pour faire exprimer la souffrance, la violence, les états d'âme et tout ce qu'on ne peut exprimer* ».
    (Christine, école d'éducateurs, Toulouse, 2001)

« *...Venir chercher au bout de cet atelier un plaisir et un bien-être à produire un écrit* ».
    (Sylvie, formation AMP, école d'éducateurs, Toulouse, 2001)

« *J'aimerai pendant ces 5 jours : Retrouver les mots ; chercher des façons de les faire partager ; écrire ; trouver des éléments pour créer un espace d'écriture ; prendre du plaisir* ».
    (Laurence, école d'éducateurs, Toulouse, 2002)

« *J'aimerais à l'issue de ces 5 jours, trouver mon propre style d'écriture. Mais aussi, j'espère arriver à lire les textes que je produis à voix haute. Je n'aime pas lire ou montrer ce que j'ai écrit à l'autre, craignant le regard et le jugement de l'autre. C'est pourquoi, j'ai beaucoup de mal à me mettre à écrire* ».
    (Amandine, école d'éducateurs, Toulouse, 2002)

4 – Devenir animateur d'atelier d'écriture

4.1 – Formation et expérience

On ne s'improvise pas animateur d'atelier d'écriture, on le devient. On ne l'apprend pas dans les livres, mais ceux-ci peuvent aider, sinon vous ne seriez pas en train de lire celui-ci, et nous n'aurions pas eu l'ambition ou la présomption de l'écrire. On peut apprendre « sur le tas », « au pied du mur « Il est préférable de s'y préparer :

En participant à de nombreux ateliers comme écrivant ; en variant les approches et les animateurs, les animations, les « écoles ». Pour ma part, j'ai choisi *Aleph* pour la variété de ses ateliers et la quantité de ses propositions tous azimuts. Mais j'ai aussi choisi d'être animé par *Plumes d'ange* à Toulouse, les ateliers de l'Art Cru à Bordeaux, par Philippe Berthaut dans le cadre merveilleux et habité[10] du château du Cayla, par Jeanne Combaz à Paris pour démarrer. Mais j'aurais pu en choisir d'autres comme ceux d'Elisabeth Bing, la pionnière, ceux de Pierre Frenkiel du *CICLOP* pour aller vers une écriture plus surréaliste, et bien d'autres encore[11]

En suivant une formation pour devenir animateur d'atelier. Il en existe depuis quelques années, soit dans certaines universités (notamment à Montpellier, Rennes, Aix-Marseille), soit dans certains ateliers (*l'Art Cru, Aleph, CICLOP…*)

En se formant de manière autodidacte par la lecture, la recherche et **la pratique**. En utilisant alors les trois termes précédents qui doivent s'enrichir mutuellement dans une démarche dialectique faisant intervenir la pédagogie des adultes, des techniques d'animation d'ateliers d'écriture, la pratique de

---

[10] …par Maurice de Guérin, *Le cahier vert* et Eugénie de Guérin *Journal* , écrivains et poètes de la première moitié du XIX° siècle.
[11] Lire pour commencer les excellents ouvrages de Odile Pimet et Claire Boniface sur *Les ateliers d'écriture* aux éditions Retz.

l'écriture elle-même, bien sûr. Et peut-être aussi l'interrogation des concepts. Sans oublier la lecture des auteurs, bien sûr...

En se construisant ses propres outils, son propre « panier » d'animation. Pour l'un, ce sera une valise de tous ses auteurs préférés, pour l'autre un classeur de textes choisis. Cela peut être des manuels pour animateurs (voir bibliographie) ou des listes de propositions d'écriture. Ce sera un cahier sur lequel on aura préparé la progression des propositions que l'on amènera dans l'animation de l'atelier, les sujets que l'on veut traiter, les objectifs que l'on se fixe soi-même - vouloir que les participants donnent leurs attentes, les amener à créer, à écrire sur eux, à jouer avec les mot, - les thèmes à privilégier, les passages de (tel) livre à lire pour introduire tel moment d'écriture, etc.

4.2 – Choisir sa posture d'animateur

A chacun sa manière d'animer : Certains écrivent pendant l'atelier, d'autres non. Pour des raisons diverses, mais surtout en fonction de l'objectif poursuivi et du type d'atelier que l'on veut instaurer. Atelier exploratoire où l'on tente de connaître de multiples façons d'écrire ou ateliers spécialisés ; textes courts ou écriture dans la durée... Certains animateurs ont l'ambition et la capacité d'amener les participants à devenir écrivains. D'autres ont des objectifs de développement personnel. D'autres veulent seulement faire jouer les participants ou leur faire prendre du plaisir par l'écriture. D'autres mettent en place un atelier de créativité. Sachez, en tous cas, que vous avez à choisir votre propre objectif. Et de cet objectif, découlera votre propre style d'animation.

Certains animateurs se conçoivent comme écrivains d'abord. Des rencontres entre animateurs, telles que celles organisées par Philippe Berthaut à la Boutique d'écriture de Tournefeuille, l'atelier-recherche, sont riches par la multiplicité des approches. Ecrivains-animateurs ou animateurs professionnels, tous auront, en tous cas, à se confronter à une problématique d'animation et personne ne pourra faire l'impasse sur l'apprentissage de l'animation et la gestion d'un groupe. Mais l'écrivain-animateur détient le privilège et l'expérience de s'être confronté professionnellement à l'écriture et même à l'édition.

L'écrivain-animateur, écrivain édité ou professeur de littérature... **peut donc se situer et être reconnu comme étant maître es écriture.** Il peut, de ce fait, apporter du contenu, des règles ou des techniques pour apprendre à écrire. L'objectif étant d'amener progressivement les participants **à devenir écrivains,** en tous cas, capables de bien écrire, de communiquer par la langue écrite, capables de faire de la littérature. C'est plutôt la posture des animateurs de « Aleph ». C'est la raison d'être de cette organisation qui remplit ainsi une fonction primordiale dans le paysage des ateliers, en proposant une multitude d'ateliers thématiques, en intervenant dans tous les milieux, en créant des réseaux. Et si l'on désire aller dans l'écriture longue, dépasser l'atelier de déblocage, alors, il faut s'adresser à Aleph qui s'est donné les moyens dans ce domaine, de devenir l'organisation de référence dans le paysage français des ateliers d'écriture[12].

Dans cet objectif, la question des retours, le 4° temps de l'atelier, est fondamentale puisque l'animateur, par petites touches progressives, amènera chaque participant à travailler sa langue, sa grammaire et son style. Mais il s'agit, avant tout, d'accueillir[13] la personne qui a écrit un texte et qui l'offre au groupe en le lui lisant - écoute positive des textes. - *« En aucun cas,* précise Claire Lecoeur, *le premier jet ne peut faire l'objet de critiques »* puisqu'il n'a pas été relu, retravaillé, réécrit. Attitude primordiale en atelier, de respect des personnes et des productions.

---

[12] En 2004, Aleph a apporté son concours et son expérience au mouvement d'éducation populaire « Culture et Liberté » (qui emploie l'auteur de cet ouvrage), pour organiser une formation d'animateurs d'ateliers d'écriture en direction des salariés (formation, alphabétisation, animation) du mouvement.
[13] Terme employé par Claire Lecoeur, animatrice à Aleph.

D'autres, se posent d'abord comme animateurs d'ateliers.[14] Puis, ensuite, comme écrivant, au même titre que les autres participants sur le plan de l'écrit. Cela ne justifie pas de vouloir/pouvoir échapper à une indispensable pratique d'écriture, au contraire. D'ailleurs, si on devient animateur d'atelier d'écriture c'est, quand même, parce qu'on a découvert soi-même le plaisir et la rage d'écrire, la possibilité pour soi d'accéder, peut-être au statut envié d'écrivain, en tous cas à l'écriture et la volonté de faire partager à d'autres ce plaisir, cette ouverture et les clefs pour s'en donner l'accès.

Dans ce cas, l'animateur n'est que le garant du cadre d'écriture et de la dynamique du groupe. C'est le cas pour les ateliers exploratoires. Il met en œuvre une progression réfléchie et permissive des propositions d'écriture, en fonction de l'objectif qui est d'apporter à chaque participant la confiance en soi nécessaire pour trouver son propre chemin. Ici, sans faire fi de la littérature, car l'écriture est la finalité de tout atelier, on mettra l'accent sur la découverte et la créativité. Cet atelier n'a pas pour but d'amener les participants à devenir des écrivains mais à les amener sur le chemin de l'écriture. *« Ecrire est avant tout une pratique »*.

Dans ce cas, l'animateur ne se fixe pas pour but d'apporter des connaissances ou des savoirs sur la façon d'écrire, ou sur la littérature. Les retours qu'il se permettra porteront sur les sentiments, les émotions procurées par un texte plutôt que sur sa structure. Ils serviront plutôt à lz valoriser. Parce que la posture choisie sera de se cantonner au même niveau que les participants. Sans détenir un savoir plus important en matière de façon d'écrire, de style, de vocabulaire… Tout au plus, peut-il dire qu'il a une plus grande expérience de l'écriture que la plupart des participants. Dans ce cas, il aura sans doute à cœur d'écrire avec le groupe pour montrer à tous que ses textes ne sont pas meilleurs ou pires que les autres. Et que lui aussi éprouve des difficultés, des pannes, mais surtout du plaisir et quelques réussites. Cette posture d'animation – et non de formation en littérature ou en bonne écriture – va lui

---

[14] C'est mon cas : Je me définis professionnellement comme formateur d'adultes et animateur.

interdire des retours, trop fréquents ou trop appuyés, sur le fond - le contenu - et la forme - le style. - C'est la personne écrivante qui devra être son propre professeur – autoformation - et qui devra faire évoluer son style en fonction des retours informels et de la perception des textes lus qu'elle pourra déceler dans le groupe.

« Personnellement, je refuse de donner un avis sur les textes écrits, ce n'est pas mon rôle. Je ne vois qu'une personne dont c'est le rôle : l'éditeur. Dans le cadre d'un atelier, la notion de valeur, tellement arbitraire, subjective, est difficilement posable » affirme Philippe Berthaut[15] sur la question des retours.

Animer, ce n'est pas enseigner. C'est construire le cadre permissif pour que chacun puisse se découvrir, s'exprimer, se dire. **C'est construire le cadre et en garantir l'usage et l'éthique** implicite, le faire respecter par tous pour faciliter les échanges de savoirs dans le groupe, la production et la lecture de textes.

Mais, attention, les statuts différents d'écrivains-animateurs ou d'animateurs-écrivants peuvent amener des pratiques d'animation différentes, voire opposées :

L'animateur doit choisir : Il peut écrire en même temps que les participants. Il peut, au contraire, choisir de se concentrer sur l'animation, le groupe et chacun des participants. Tout dépend des buts qu'il poursuit et de ses propres capacités à faire deux choses en même temps : animer et écrire.

Certains animateurs n'écrivent pas avec le groupe et préfèrent **se concentrer sur l'animation, la régulation du groupe et le suivi rapproché des participants.** Ou bien ils ne se sentent pas en situation pour écrire eux-mêmes lorsqu'ils animent et leur posture d'animateur bloque leur propension à produire dans ce même cadre, surtout dans le cadre d'écriture longue ou d'ateliers thématiques. Ou bien ils avancent qu'il est difficile - et c'est vrai - de contrôler le groupe, d'évaluer chaque participant dans ses difficultés d'intégration, d'écriture ou de lecture, et, en même

---

[15] Berthaut Philippe : Editorial de « note(s), janvier 2004, bulletin de l'atelier-recherche de la Boutique d'Ecriture du Grand Toulouse.

temps, de se concentrer soi-même sur l'acte d'écrire. Cette façon de faire permet donc plus de recul, plus de liberté d'observation et d'analyse de ce qui se passe dans le groupe. Les retours en seront peut-être facilités.

Mais cette posture de différenciation par rapport au groupe **risque de rétablir la place de l'animateur au niveau de celle du maître d'école**, du professeur, de celui qui sait, sur l'estrade, au-dessus des participants. Elle risque de bien montrer aux participants qu'ils sont là pour apprendre comment écrire, avec un spécialiste de l'écriture. Et de les remettre dans une situation scolaire où ils ne savent rien de la littérature et de l'art d'écrire - ils ont tout à apprendre. - Comment peuvent-ils, dans ce cas, oser écrire, oser créer, oser se tromper, oser recommencer, oser transgresser ? Comment peuvent-ils se valoriser, retrouver une meilleure estime et confiance en eux-mêmes s'ils sont renvoyés encore dans des situations d'échec ? En effet, les retours ont ce but de montrer, par petites touches, les bonnes façons d'écrire et les moins bonnes qu'on pourrait améliorer. Cela s'explique parfaitement dans un atelier à visée littéraire dont c'est l'objectif déclaré mais, plus difficilement, dans un atelier qui vise l'épanouissement des participants. L'objectif de l'atelier est donc toujours prépondérant.

Alors, « *est-il possible de concilier, voire de réconcilier les différentes postures* qui gouvernent la conduite des ateliers d'écriture ? Voilà une interrogation qui aura du mal à trouver une réponse. Entre écrire pour « sculpter le chaos » dont (parle) Aziz Chouaki et « faire surgir à la conscience » les structures de la langue que préconise Claudette Oriol Boyer pour pouvoir évoluer dans son écriture et l'intelligence que l'on doit en avoir, il y a un territoire mouvant que chacun d'entre nous arpente à sa façon, au risque parfois de se laisser enfermer dans quelques figements de forme ou de conception de ce que doit être un atelier »[16].

---

[16] Berthaut Philippe : Editorial de « note(s), janvier 2004, bulletin de l'atelier-recherche de la Boutique d'Ecriture du Grand Toulouse.

En fait, il n'y a pas de règles : chacun doit suivre sa propre intuition pour se sentir bien dans le groupe et dans la posture choisie. Comme le dit Rogers, chacun doit rester lui-même le plus possible. Il ne sert à rien, cela peut même être néfaste, de forcer sa propre nature. Mais chacun doit choisir consciemment sa posture, en fonction des objectifs poursuivis et être capable de l'expliquer au groupe. A condition toutefois, quel que soit le cas de figure, de **ne pas vouloir se situer dans la position hiérarchique de celui qui détient le seul savoir du groupe en matière d'écriture.**

Et quelle que soit la posture choisie, l'animateur aura à cœur de valoriser tous les participants de l'atelier, autant que faire se peut, ne serait-ce qu'en remerciant les participants qui ont lu leur texte. Il veillera à ce que des retours toujours positifs, puissent advenir de la part de tous les membres du groupe. Lui-même se donnera pour tâche de valoriser chez chacun le texte qu'il aura aimé écrire, la proposition d'écriture qui aura convenu le plus à chacun d'entre eux et qui lui aura permis de trouver son écriture. Et chacun doit bien savoir aussi que dans la dynamique d'un groupe (Carl Rogers), l'animateur ne peut échapper à son rôle de simple participant comme personne faisant partie du groupe, outre son rôle spécifique d'animateur. Il sera donc regardé aussi comme participant au groupe. Il devra donc être le plus possible lui-même, de façon honnête et simple.

« J'ai beaucoup apprécié que le formateur soit (ou donne l'impression d'être) comme nous, un élément de ce groupe, ni plus, ni moins »
(Eva, école d'éducateurs, Toulouse, mars 2003)

5 – Apprendre à animer un groupe

5.1 – Avec une pédagogie non directive
(selon Carl Rogers[17])

Tous les ateliers d'écriture que j'ai pu suivre, aussi bien ceux d'*Aleph*, à Paris, qui propose une multitude d'ateliers littéraires ; *les Ateliers de l'Art Crû* à Bordeaux où Jean Broustra et Guy Laffargue visent le développement personnel par l'expression créatrice ; *Plumes d'Ange* à Toulouse, Jeanne Combaz à Paris, Odile Perricard à Figeac, ou Philippe Berthaut au château du Cayla dans le Tarn…, tous ceux dont j'ai entendu parler, tous ceux auxquels je me suis intéressé ; ceux animés par Pierre Frenkiel au Ciclop, où l'écriture ludique et surréaliste est le départ de toute écriture personnelle ; ceux animés par Jean Yves Revault, pour qui l'écriture est un remède pour se connaître et se guérir ; les ateliers de Brigitte Beaumont avec *des marches d'écriture* à Montpellier ou ceux de Bernard Cadoux à l'hôpital Saint-Jean-de-Dieu à Lyon qui entraîne ses patients psychotiques dans les voies de la création littéraire… tous suivent **une pédagogie de groupe non directive**. De façon consciente et conceptualisée ou comme monsieur Jourdain, par intuition, réflexion et parce qu'elle correspond parfaitement aux résultats recherchés.

Mais qu'est-ce que c'est au juste ?

Si l'on peut résumer en quelques mots **la pédagogie rogérienne**, il faudrait retenir les principes d'apprentissage, authenticité, attitude, créativité. « *Apprentissage plutôt qu'enseignement* » **pour les participants de l'atelier.**

---

[17] L'ensemble des postulats implicites donnés ici, tant pour le processus d'apprentissage que pour le « facilitateur », sont tirés, presque sous forme de citations complètes, de l'ouvrage écrit par Carl Rogers sous le titre *Freedom to learn ou Liberté pour apprendre* de l'édition française de 1972 chez Dunod (pages 155 à 165). Nous recommandons à tous les apprentis-animateurs, à tous les formateurs et enseignants, la lecture de cet ouvrage et autres écrits de ce chercheur en pédagogie auquel nous nous référons constamment.

5.2 - Postulats indispensables de la part de l'animateur

- Les êtres humains ont en eux une **capacité naturelle d'apprendre** et sont curieux de connaître le monde.

- L'apprentissage est d'autant plus rapide et profond lorsque son objet a un **rapport avec le projet personnel** et qu'il permet à chacun d'augmenter son propre moi. D'où la nécessité d'aller chercher les motivations et attentes des participants et de susciter les motivations par une pédagogie d'accroche en début d'atelier.

- L'apprentissage, la formation nécessitent et aboutissent à des **changements ressentis et vécus comme plus ou moins menaçants dans l'organisation ou la perception du moi :** c'est pourquoi il n'est jamais facile de lire son texte devant un groupe. L'animateur, par une progressivité réfléchie des propositions d'écriture, et des adaptations tout au long de l'atelier en fonction de ce qui s'y passe, veille ainsi à ne mettre en danger aucun participant. Ce qui ne veut pas dire qu'il faut bannir tout moment d'émotion, mais qu'il faut savoir gérer ces instants sans tomber dans une psychothérapie de bas étage. L'animateur, heureusement, n'est pas thérapeute. Seule la relation au texte, contexte, situation a de l'importance dans le cadre d'un atelier où ce qui compte, c'est la production de textes. Tant mieux s'ils apportent des émotions, c'est qu'ils sont forts, authentiques et qu'ils peuvent atteindre un public. L'écriture et « les mots pour le dire[18] » a aussi ce pouvoir d'être un excellent moyen de médiation entre soi et soi, entre ses propres émotions et le miroir des autres. L'écriture est une bonne médication pour soigner les maux de l'âme. L'animateur le sait mais laisse à chaque participant la faculté et la responsabilité de gérer lui-même cet aspect-là. En choisissant cette posture, l'animateur reste dans son rôle, évite le mélange des genres, toujours nuisible à la bonne compréhension des choses, et apporte ainsi aux participants la meilleure preuve de sa volonté de ne pas transformer l'atelier d'écriture en séance de thérapie groupale. Ce

---

[18] Cardinale Marie « Les mots pour le dire », Le livre de poche, Grasset, 1975.

qui ne peut que renforcer une impression sécuritaire chez les participants.

- Mais ces **menaces réelles sont atténuées** et gérées par les personnes **lorsque les menaces extérieures sont réduites au minimum**. Ainsi, un environnement encourageant, l'absence - demandée par l'animateur - de toute critique négative, qui se justifie par l'infinie variété des textes et des cultures, la compréhension et même la congruence de l'animateur et du groupe, l'absence de notes ou d'évaluation extérieure éloignent les menaces externes. D'où l'importance primordiale de construire une ambiance conviviale de groupe.

- **Et, lorsque les menaces contre le moi sont faibles, l'apprentissage peut avoir lieu.**

- **L'apprentissage est facilité lorsque les participants détiennent une part de responsabilité dans la méthode.**

- **Une pédagogie non directive** qui permet à chaque participant de s'engager, plus ou moins profondément, plus ou moins rapidement, mais très personnellement – avec ses sentiments, ses émotions autant qu'avec son intelligence et sa créativité, au niveau du cerveau mais aussi des viscères – donne à chacun la possibilité de « **se laisser aller** » **dans un processus auto-formateur** aussi profond et intensif qu'il le jugera utile et à la vitesse qu'il aura décidée possible sans mettre en danger son moi profond.

- **La créativité se déploie dans une atmosphère de liberté**. L'indépendance d'esprit, la créativité, la confiance en soi seront facilitées lorsque l'évaluation par autrui, l'animateur et les autres participants, sera jugée comme secondaire et remplacée par l'autocritique **et l'auto-évaluation.**

- L'animateur s'efforcera de donner à chaque participant **la possibilité de s'échapper des cadres habituels de l'écriture, la capacité de changer** tous ses paradigmes sur l'écriture, et d'inventer son propre chemin, d'apprendre à rester toujours ouvert à sa propre expérience et à intégrer le processus même du changement, c'est à dire de la créativité. Il s'efforcera, justement par cette pédagogie de groupe, non directive, de former des personnes pour qui le changement sera la chose la plus importante de la vie et qui pourront écrire –et vivre – à l'aise dans le changement et la création.

5.3 – Attitudes de l'animateur : *apprendre plutôt qu'enseigner*

Facilités de l'apprentissage et qualités du facilitateur :

- **L'animateur s'appuie sur le groupe et sur les relations interpersonnelles** qui vont se construire tout au long de l'atelier pour mettre en œuvre sa pédagogie, une ambiance authentique de confiance entre tous les participants et un climat de permissivité favorisant la créativité et les expérimentations. Il s'efforce de construire le cadre favorable à une augmentation de la socialisation et d'une prise de conscience de l'intérêt du groupe pour la progression de chacun dans son **auto-formation à l'écriture**.

- **L'animateur s'efforce d'être le plus authentique possible,** c'est à dire lui-même, en tant que personne ayant à assumer le rôle d'animateur d'atelier d'écriture et de participant-écrivant, avec ses propres peurs et inhibitions dans l'écriture et dans l'animation. Il n'est pas un surhomme (ou une superwoman) mais seulement un apprenti-animateur, même s'il pratique depuis longtemps et un apprenti-écrivant dans un atelier coopératif où l'on pratique des échanges réciproques de savoirs et où chacun peut être, à des moments différents et avec des propositions différentes, **apprenti et apprenant.**

- **Il facilite le projet et les désirs qui ont une signification pour chaque personnalité d'écrivant(e)**. Il y voit la principale motivation dans l'écriture des participants. Chaque motivation peut être différente mais toutes sont à prendre en compte. Il aide chacun à utiliser ses propres pulsions et expérimentations comme force opératoire de leur apprentissage en écriture.

- **Il s'efforce d'organiser et de rendre facilement accessible** le plus grand éventail possible de ressources d'apprentissage pour trouver, goûter, expérimenter des méthodes et moyens différents pour écrire : écriture automatique, surréalisme, poésie, nouvelles, calligraphie, jeux d'écriture, partages de textes, etc.

- **Il se considère lui-même comme une ressource** pleine de souplesse et utilisable pour le groupe mais pas au-dessus du groupe. En tant qu'écrivant-participant il n'est qu'un praticien qui a seulement un peu plus l'habitude de l'écrit que les autres.

- **Il accepte aussi bien les contenus différents de chaque écriture que les attitudes émotionnelles** en s'efforçant de donner à chaque aspect l'importance la plus exacte que celui-ci revêt pour la personne ou pour le groupe. Dans une attitude respectueuse et authentique, il accepte les sentiments personnels et profonds. Mais **il ne se départit jamais de sa posture d'animateur-facilitateur** et ne rentre jamais dans des considérations, analyses ou comportements de type psychologique ou psychologiste. Cela ne rentre ni dans son rôle, ni dans ses possibilités intellectuelles ou de travail, ni dans sa pédagogie. **Cela va même à l'encontre de la pédagogie qu'il s'est fixée.** Il doit y faire extrêmement attention. Même si l'écriture et l'atelier d'écriture peuvent aider à guérir certains maux psychologiques ou certains comportements, le but de l'atelier n'est pas de se substituer à un travail psychanalytique. Cela se fait sans doute naturellement mais ce n'est ni le but, ni la démarche de l'atelier. **Le but de l'atelier est de produire des textes** et, peut-être, de faire de la littérature. Pas plus. Et c'est déjà beaucoup pour les apprentis « auteurs ».

- Au fur et à mesure que le climat de confiance s'installe, l'animateur est de plus en plus à même de participer pleinement à la production de textes comme tous les participants, d'être **lui-même membre du groupe, apprenti-écrivant** et d'être reconnu par tous, outre son statut d'animateur-facilitateur, comme personne pouvant s'exprimer au même titre que les autres participants.

- Et, en tant que simple participant, **il peut exprimer aussi ses propres pensées**, ses propres sentiments, non comme des jugements, évaluations ou critiques, prohibés par l'esprit de l'atelier, mais de simples attitudes intérieures très personnelles, acceptables dans le groupe sans prérogatives aucunes.

- Pourtant il ne se départit jamais **d'une attention aux expressions personnelles** qui indiquent des sentiments profonds ou violents et de communiquer sa compréhension empathique et constructive.

- En tant que facilitateur d'apprentissage, l'animateur s'efforce de reconnaître et d'accepter ses propres limites. Il reconnaît qu'il ne peut donner de liberté aux participants de l'atelier que dans la mesure où lui-même se sent à l'aise en la donnant. Tant dans le domaine de l'animation - adaptation des propositions d'écriture à l'ambiance de groupe et aux désirs des participants, acceptation de ses faiblesses en ce domaine parce qu'on ne peut être bon tout de suite ou tout le temps - que de l'écriture et de la création. L'animateur n'est pas forcément ou toujours, le meilleur écrivant, le meilleur animateur. Il ne peut participer que de façon humble et égalitaire en tant qu'apprenti-écrivant. Il ne peut manifester de confiance dans le désir d'apprendre, d'écrire et de créer des participants que dans la mesure où il éprouve cette confiance dans leur capacité à écrire mieux ou à être plus impliqués ou plus créatifs dans le groupe que lui-même. Il doit être capable de s'effacer pour que chaque participant puisse devenir auteurs, capables de créativité, d'autonomie, de responsabilité et de ressentir des sentiments de fierté et de réussite. Le but recherché par l'animateur est de faire grandir chez chacun sa confiance en lui-même et dans ses capacités à écrire.

5.4 - Construire le cadre d'écriture

Pour animer un groupe, contenu et style se répondent, comme dans l'écriture. La forme prédispose à appréhender le fond et la manière de dire, en bonne littérature, est aussi importante que ce qui est énoncé. Et ce n'est pas parce que vous respecterez la structure normative d'un atelier d'écriture, les 4 temps classiques, que vous saurez animer un atelier. Le cadre d'écriture en atelier est nécessaire, l'apport de propositions également. Mais si la pratique d'animation ne s'avère qu'une pâle copie de ce que l'animateur a vécu ou appris, les conditions d'un changement de pratiques chez les participants ne seront pas réunies. Dans l'animation et la pédagogie aussi, il faudra de l'innovation, des raccourcis ou des chemins de traverse, du plaisir et des surprises. Le cadre d'écriture en groupe et de nouvelles propositions d'écriture sont choses essentielles mais non suffisantes. Il y faudra aussi l'âme de l'animation, l'esprit qui ne s'obtient que par **les valeurs qui sous-tendent l'atelier et lui donneront le sens** - signification, direction, sensibilité - indispensable.

En atelier d'écriture, l'animateur impose la nécessité de l'action, la production de textes ainsi que **le cadre** : un groupe, une dynamique de groupe et sa propre attitude non-directive. L'attitude non-directive exige de l'animateur en atelier d'écriture de se situer sur le même cercle que les participants pour instaurer des échanges égalitaires de type coopératifs, non hiérarchiques entre tous. Ce rapport égalitaire présuppose que chacun dans le groupe, y compris l'animateur, possède les ressources, la motivation et l'énergie suffisante pour tendre et atteindre lui-même le but qu'il s'est défini et pour s'assumer lui-même dans le processus de production et le cadre proposé et accepté. C'est la raison pour laquelle, outre que l'atelier d'écriture me motive aussi pour écrire moi-même, je me situe volontairement comme écrivant dans les ateliers que j'anime. Cela me permet de mieux évaluer le temps nécessaire pour écrire, mais, surtout, de devenir, pendant ce temps d'écriture, un écrivant comme les autres, sur le même cercle de participants, avec ses propres difficultés d'écriture et de lecture, ses propres difficultés à se risquer, à se mettre en danger devant le groupe. Danger de ne pas être reconnu comme bon ou meilleur (et l'amour-propre de l'animateur risque d'en prendre un coup, d'autant plus que certains textes lus dans le groupe sont parfois de réelles œuvres d'art !) Bien souvent, lors des bilans, les participants disent avoir apprécié cette posture de l'animateur sur le même niveau que les participants.

En tous cas, **l'animation non-directive** des groupes doit pouvoir *« faire advenir **un espace d'écoute et de changement**... où l'animateur est producteur de changements* au moyen *d'expériences relationnelles »* à partir desquelles chacun peut se situer, s'exprimer par écrit, comme il l'entend. Grâce à ces *« mises en liens »* et, *« du fait de la dynamique du groupe, chaque personne peut accéder facilement à l'acte d'écrire et, de surcroît, retrouver son unicité, sa place et son chemin, en mettant fin, progressivement, à ses stratégies de dévalorisation »*.

Cette attitude *« acceptante »* de l'animateur est fondamentale car, *« c'est elle qui facilite et suscite les changements »*... Et *« les éléments de la facilitation sont donc expérientiels »*.

L'animation vise donc, prioritairement, *« le développement de la personne »* - telle que définie par Carl Rogers et à laquelle se réfèrent explicitement les ateliers du Ciclop - : centrée sur la personne détentrice d'un potentiel et de capacités à écrire qu'elle peut développer si elle en a la motivation ; et centrée sur le groupe, générateur d'énergies et d'échanges enrichissants pour tous, l'animation vise *« en particulier le partage des émotions dans le groupe, l'interprétation quasi nulle des productions avec une exigence de neutralité bienveillante »* et *« l'absence totale de jugements sur la qualité des textes »*[19].

---

[19] Frenkiel Pierre, Présentation des ateliers d'écriture du Ciclop, p.11.

5.5 – Donner un sens à l'animation

Pour moi, la valeur fondamentale de l'atelier, celle qui guide sa structuration, son orientation et son déroulement, c'est la **notion de confiance dans les possibilités cachées mais intrinsèques de tous les participants à devenir des écrivants**, c'est à dire des auteurs ayant quelque chose à dire et qui peuvent l'écrire de manière toujours intéressantes pour tout l'atelier.

En effet, **chaque participant sans exception est potentiellement apte à écrire** selon le caractère qui lui est propre, avec son style propre et pour raconter des histoires, écrire des textes qu'il est seul à pouvoir imaginer, inventer, se rappeler ... Un adulte comme un enfant, un professeur de philosophie ou de littérature comme une jeune beurette de banlieue, un quasi-illettré autant qu'un lettré classique. **Ce présupposé pédagogique est indispensable pour animer** un atelier en lui donnant le sens nécessaire pour le valider et pour atteindre les objectifs fixés. Cette confiance en l'autre doit habiter l'animateur, avant tout, pour que l'atelier puisse libérer la confiance en soi de chaque participant et pour que chacun puisse s'exprimer en toute liberté.

Et quel immense plaisir, lorsqu'au détour d'une lecture, apparaît, aux oreilles esbaudites du public, un texte jubilatoire, émouvant, véridique, un texte tellement joli, tellement intéressant à écouter... qu'un silence se fait, des sourires naissent, parfois même des applaudissements. Un texte lu par un participant qui n'accrochait pas plus que cela jusqu'ici, et qui, d'un coup, se dévoile et provoque l'extase et la surprise du groupe... et de lui-même !

Ainsi, **chaque participant pourra aller vers sa réalisation** parce qu'il comprendra, peu à peu, que toutes les conditions sont réunies pour lui permettre de s'exprimer dans sa langue. **L'atelier peut, non seulement tout accepter**, mais plus les textes lus s'écartent de la norme, plus ils seront reconnus comme originaux et créatifs. Il devient possible d'écrire et de lire les choses les plus incongrues, les plus personnelles, les plus subjectives ou surréalistes. Au-delà de la tolérance pour l'autre, pour l'étrange et l'étranger, c'est aller vers des expressions authentiques, réelles, profondes, spontanées et personnellement structurées comme la personne, l'auteur qui s'exprime. Et pourquoi pas permettre parfois à des participants étrangers de s'exprimer dans leur langue maternelle, celle qui est souvent niée ou ignorée dans leur pays d'accueil ?

« Ecrire, c'est dangereux : cela peut véhiculer l'eugénisme, la dictature, la propagande, le racisme, la domination. Mais écrire, c'est aussi permettre d'aller à l'encontre de ceux qui manipulent en dénonçant horreurs, excès, chantages..., transmettre, faire connaître d'autres moyens de vivre, garder des traces, se révolter ».

(Alice, école d'éducateurs, Toulouse, février 2002)

5.6 – Objectifs – moyens – outils

L'animateur devra s'interroger rapidement, pour dépasser le simple atelier ludique, afin de construire son atelier de manière progressive et efficace : « Quelles propositions privilégier plutôt que telles autres ? Qu'attendent de moi, les participants ? Quels sont les objectifs de l'atelier ? Quelle progression dois-je construire ?

Mais s'il nous faut attendre indéfiniment d'acquérir tous les outils d'un animateur pour oser, enfin, se lancer, peut-être, ne commencerions-nous jamais. « C'est au pied du mur qu'on voit le maçon » dit le proverbe. Construisons nos premiers ateliers, en fonction de ce que l'on connaît du public potentiel, de nos propres attentes, du plaisir qu'on veut prendre et qu'on veut proposer. Et commençons. On ne peut réfléchir sur ses pratiques que si on a un minimum d'expérience. Des manuels peuvent accompagner nos premiers pas dans l'animation. Et il faut aussi, d'abord, se coltiner soi-même à l'écriture pour connaître son propre rapport à l'écriture et pouvoir en parler. Tester avec soi les propositions d'écriture qu'on a sélectionnées pour animer un atelier. Puis il faut se lancer et expérimenter sa propre manière d'animer un groupe après avoir lu et réfléchi sur la question - car on ne gère pas un groupe comme on accompagne des personnes dans une relation duale - en se référant à ses propres expériences dans d'autres contextes.

L'animateur aura, bien sûr, à surmonter, à **dépasser ses propres peurs** : peur de se confronter au groupe, peur de n'être pas à la hauteur, peur de ne pas savoir répondre aux attentes des participants, peur d'être mal jugé par ceux-ci dans sa manière d'écrire ou de conduire le groupe, peur de ne pas trouver tout de suite une posture juste, peur de faire des retours intempestifs ou inopportuns. Comme un acteur sur scène, il devra surpasser, transcender cette peur, prendre confiance en lui-même et dans l'extrême compréhension des participants pour oser se lancer dans l'organisation et l'animation d'un atelier. S'il se sent au même niveau que les autres : en apprentissage dans un atelier de production coopératif, s'il a la volonté de mettre en œuvre les valeurs définies et d'atteindre les objectifs fixés et, surtout, s'il a l'intention de permettre aux participants, et à lui-même, de prendre du plaisir dans l'acte d'écrire, dans les jeux, le dépassement de soi, la surprise et la magie des mots, des rencontres et du voyage... Alors il pourra vite se décontracter pour vivre pleinement ce moment privilégié d'un atelier d'écriture.

Dans sa sacoche et son cahier il aura accumulé un certain nombre d'inducteurs d'écriture qu'il aura lui-même testés, des propositions diverses qu'il aura tenté de classer, des textes d'auteurs sélectionnés à lire. Personnellement j'ai choisi Perec, Reiser, des haïkus, des textes surréalistes, de jolis textes publicitaires, des articles de journaux, des textes de participants dans des ateliers passés, des poésies, *Alice au pays des merveilles*, une partie du texte d'intronisation de Mandela... et beaucoup d'autres choses encore ! Ces matériaux rangés dans un classeur à transparents afin de les retrouver rapidement pourront donner matière à improvisation, permettre un changement dans la construction prévue de l'atelier.

6 – Choisir le chemin, la progression, les outils

6.1 – Construire l'animation de « son » atelier

Il est impératif de bien préparer l'animation d'un atelier pour la journée et pour le long terme, en fonction de ce qui est prévu comme longueur et périodicité. Les propositions d'écriture ne vont pas arriver dans le désordre. Un ordre logique guidera le choix de l'animateur dans le déroulement de l'atelier. **Il aura réfléchi** à l'avance, en fonction des objectifs fixés, des attentes des participants s'il les connaît, éventuellement aussi de l'institution qui fait la commande, du contexte... **à une progression pédagogique.** En effet, on ne propose pas de but en blanc, l'écriture d'un texte trop engageant - écrire sur soi - trop long - écrire pendant une heure - ou trop large - disserter sur un sujet quelconque.- Chaque chose en son temps. On démarre doucement par des propositions d'écriture ludique et d'écriture collective comme un cadavre exquis. D'abord décontracter, décompresser, rire ensemble et apprendre, par l'action, ce qu'est un atelier d'écriture et comment ça fonctionne. D'abord créer l'ambiance du groupe, exorciser les peurs, apporter du plaisir et de la convivialité. Apprendre doucement à se connaître entre nous, à s'apprivoiser comme le renard du petit prince. L'animateur prévoira de faire écrire sur une proposition anodine avant d'en proposer une autre plus impliquante. Mais l'ordre prévu pourra être bouleversé en fonction du groupe, de l'ambiance, de la situation qui se crée. C'est pour cette raison que l'animateur doit, en permanence, être à l'écoute, sentir à tout moment la température de l'atelier - on y rit librement, on dort, on s'amuse ou on s'embête ? - repérer les attentes non exprimées des participants, les lassitudes, les appréhensions, les propositions qui prennent bien et celles qui freinent la dynamique pour décider de se laisser porter par le courant quitte à tenter une remontée plus tard. Ne rien brusquer. Ne rien exiger. Laisser faire le temps. Accompagner sans forcer. Réorienter la programmation initiale si besoin. Respecter le rythme de l'atelier, des participants et du groupe qui se crée.

Comme dans tout montage –écriture- de projet, il faut donc se fixer des modalités d'intervention :

Une finalité : à quoi l'atelier va servir ? Je voudrais, par exemple, permettre aux participants de trouver leur propre manière d'écrire, de prendre du plaisir à écrire, de trouver une plus grande confiance en eux dans l'acte d'écrire ou par l'acte d'écrire…

Des objectifs pour répondre à mes propres préoccupations d'éducation populaire, par exemple, dans tel contexte et pour telle population à qui je vais proposer l'atelier), et aux attentes supposées ou recueillies des participants potentiels.

Une construction pédagogique pour répondre, à la fois, à la commande institutionnelle, aux attentes recueillies ou supposées des participants, aux objectifs que je me suis fixé : Passer par la poésie, le surréalisme, les jeux d'écriture, la créativité, la reconnaissance de textes d'auteurs… pour changer les représentations de l'écriture, pour passer de l'expression à la communication, pour travailler la langue.

Des moyens pour l'atelier : création d'une structure pour porter l'atelier - association, coopérative ou structure déjà existante - sur les plans comptable, juridique, financier ; un lieu agréable si possible ; la beauté ne peut qu'encourager l'écriture, un tableau, des feuilles, des feutres, de la publicité ou de l'information pour trouver et réunir les participants potentiels, du financement pour rémunérer le service apporté -à quelle hauteur- ?

Des outils que j'aurai apportés, des livres -ma valise aux trésors- des textes, des propositions d'écriture - mon « panier » d'outils, assez fourni pour ne jamais me laisser en panne -, une progressivité construite de mes propositions en fonction des objectifs généraux et des objectifs du jour : aujourd'hui, je vais essayer de leur montrer que l'on peut même inventer son propre alphabet, sa propre grammaire, son propre vocabulaire…

L'animateur aura donc à bien préparer ses ateliers, à **construire une progression :** Construire le groupe ; faire découvrir d'autres manières d'écrire ; faire rire et s'amuser ; écrire collectivement et piller, sans vergogne, le voisin ; rentrer dans la fabrication d'un mot ; créer de la poésie ; se regarder par un texte autobiographique ; écrire un texte long... Et retravailler cette progression, au fur et à mesure, en fonction du groupe, de ses freins, de chaque participant, du plaisir à aller dans telle ou telle voie...

6.2 – Construire une culture de groupe

Permettre à chacun de se retrouver dans l'anonymat d'un texte collectif sans implication personnelle. Les cadavres exquis des surréalistes peuvent être déclinés de différentes façons, revenir plusieurs fois dans l'atelier, chaque fois qu'il y aura besoin de détendre l'atmosphère ou de réinventer la langue, et être utilisés pour différentes raisons. L'animateur en programmera un ou plusieurs en début d'atelier pour donner le ton, détendre les participants et, surtout, leur montrer que tout peut être écrit, n'importe quoi, n'importe comment. Chacun pourra ensuite les piller pour en faire un texte plus personnel en se servant des outils et des phrases collectives collectées.

Faire l'apprentissage du surréalisme dans des textes tournants, écrits ensemble et qui deviennent production de groupe.

Proposition : Trouver ensemble les mêmes matériaux pour tous. En brain storming, au tableau accumuler tous les mots en « ouille », par exemple. **Puis en faire un texte en utilisant tous les mots trouvés par le groupe. Juste pour jouer avec l'accumulation des mêmes sons, faire exprès d'être bête, écrire sans queue ni tête.**

Une gouttière rouillée, tordue. Au-dessus un pirate de chat, vieux comme une gargouille, surveille la rue. Une odeur de ratatouille et de fenouil, de nouilles bouillies, de cuisses de grenouilles ou d'andouille, de vieille tambouille... chatouille sa narine, embrouille sa vue, embaume la rue. Déjà, il se lèche les babines, mouille son museau et, d'un bond, le voilà sur la benne à ordure d'où s'échappent ces effluves souillées. Il en gazouille déjà, la fripouille ! De plaisir, il se fouille la chtouille. Et le voilà parti, à fond la caisse, pour la gastrouilloumie. Mais il se grouille trop, fait un faux pas en bordure de trottoir et un bolide en vadrouille, le fauche et presque, lui ratatine les couilles. « Miaouille », miaule-t-il alors, fou de trouille. « Ouille » fait-il, complètement étourdi, et de son manteau de poil, il se dépouille, puis il se chatouille la bouille et court rejoindre son vieil ami, cet autre chat-de-gouttière qu'on appelle Gribouille.

D'autres tautogrammes peuvent ainsi être inventés sur le modèle des livres de comptines pour enfants avec les mots en cr ou en ail, ou en gn, ou en br...[20]

6.3 – Casser les représentations habituelles

Pour inventer, créer, sortir de l'écriture de commande afin de casser les représentations habituelles de l'écrit appris à l'école, l'animation s'attachera, très rapidement et au fil de l'atelier, à **s'échapper des cadres connus** de la grammaire, de la syntaxe et de la stylistique. D'où la nécessité de proposer des inducteurs qui suscitent et facilitent la création, la poésie, l'imagination, la rêverie. Tout sera mis en œuvre pour permettre créativité et spontanéité. Ecriture automatique : vite et sans réfléchir, laisser courir le stylo comme il veut, comme il va ! En fait, le plupart des propositions n'entrent pas dans le processus d'écriture automatique comme il était utilisé par le mouvement des surréalistes. Pourtant, lorsqu'une des consignes de l'atelier demande aux participants de ne pas réfléchir, c'est bien pour privilégier la main et le subconscient par rapport au cerveau et court-circuiter le rationnel qui a tendance à suivre les injonctions apprises. Sans toutefois tomber dans le piège toujours possible du « psychologisme » bon marché, sauf si les buts de l'atelier sont clairement de thérapie par

---

[20] Lire en particulier « Au pays du a, du b, du e qu'on entend, du e qu'on n'entend jamais », etc. dans « Le moulin à paroles » (abécédaire) de Jo Hoestlandt, Ed. l'école des loisirs.

l'écriture comme le propose, par exemple, Jean-Yves Revault :
Ecrire pour se guérir. Mais, pour cela, il faut en être capable et
pouvoir se situer à la fois comme animateur d'atelier, et comme
thérapeute. Mais commençons par devenir animateur !

  Le rôle de l'animateur sera de montrer, faire sentir qu'on
peut se permettre d'écrire n'importe quoi, écrire qu'on ne sait pas
quoi écrire, écrire ce qu'on vit sur le moment, ce qu'on pense,
simplement, avec les mots de tous les jours. Sans jamais se prendre
la tête. Laisser aller le stylo sans s'auto-censurer. Alors vient
l'apprentissage des sons et de la couleur, du rythme et de la
musique. Vient **l'autorisation qu'on se donne**, comme dans le
texte de Perec, de ne dire que des choses simples, des mots de tous
les jours, des situations vécues. Sans complications. Sans
explications. Et très vite on invente de la poésie.

Proposition : J'aime, j'aime pas… à la manière de… Reiser

J'aime les rayons de soleil
J'aime pas les coups de soleil
Quand le soleil se couche, j'aime le ciel rouge.

J'aime le nuage qui passe
J'aime pas quand il se pose au dessus de nos têtes
Et qu'il n'y a plus moyen de le sortir de là.
J'aime marcher dans l'herbe, regarder les brins d'herbe
Qui se relèvent doucement après mon passage.
J'aime pas les chemins où l'on marche sans laisser de traces.

J'aime l'odeur de la forêt après la pluie,
J'aime pas être mouillée.
J'aime regarder aux terrasses des cafés.

J'aime être seule ou accompagnée
J'aime être seule et bien accompagnée
J'aime être accompagnée si on me laisse seule.

Je n'aime pas les bars où la fumée, le bruit empêchent de gagner
sa solitude

J'aime pas le silence et le vide des dimanches en solitaire.
(Sarah, Ecole d'éducateurs de Toulouse, 2001)

J'aime pas *la droite, j'aime pas la droite mais*
J'aime pas la gauche non plus...
J'aime pas le milieu
J'aime pas les théoriciens qui nous font des leçons
sur ce qu'on doit faire ou ne pas faire.
J'aime pas la guerre et les gens qui nous persuadent qu'elle est nécessaire.
J'aime pas qu'on engueule les enfants.
J'aime pas avoir trop chaud mais un peu quand même.
J'aime pas le gin tonic, ni les gâteaux apéro, ni la société de consommation.
J'aime pas Le Pen ; j'aime pas les morts illustres.
J'aime pas le terme « adjectif qualificatif », ça fait flic.
J'aime *la vie, les gens, les bistrots, la bière, le rock'n roll, la mer à la montagne, la montagne à la mer, les spaghettis, Robert Badinter, Boris Vian, les ours et...*
la guitare.
J'aime l'ivresse, l'absurde et rire avec les gens.
J'aime les gens simples et hauts en couleur.
J'aime les couleurs, toutes les couleurs.
(Guilhem, Ecole d'éducateurs de Toulouse, 2001)

6.4 – Susciter la création, libérer l'imagination

Inventer, divaguer, s'échapper, reconstruire, décomplexer, destructurer, écrire n'importe quoi, sortir du cadre, créer du sens - direction, sensations, signification-, des sons, du rythme et de la couleur...

Proposition : Faire parler les contraires

« Avec ou Sans »
« Avec ne pouvait se passer de Sans
Sans, lui, n'aimait pas être avec,
Il n'aurait plus été Sans,
Il serait devenu Avec.

Et ça, il ne pouvait pas faire avec.
Avec laissait faire Sans, mais il était bien avec aussi.
Donc, Avec aimait Sans et Sans n'était pas avec.
Quoique, si Avec était Sans, c'est qu'il était seul, pas sans.
Ou avec plein de petits sans,
Ce qui revenait pareil ou plutôt Avec.
Enfin, Avec et Sans étaient Avec ou Sans...)

Caroline

« Toi et Moi »

« -Toi tu ne sais pas ce que tu veux
-Moi oui
-Toi tu es un homme
-Moi une femme
-Toi c'est oui, non, peut-être, peut-être pas
-Moi c'est oui ou non, c'est sûr
-Toi un jour c'est blanc, un jour c'est noir
-Moi c'est blanc ou noir
-Toi tu ne peux pas
-Moi je peux
-Toi c'est je vais faire ci, faire ça...
-Moi c'est je le fais
-Toi tu balances
-Et bien moi, je suis « bélier » !

Valériane

Proposition : Imaginer un métagramme avec les lettres de son nom. C'est à dire que chaque participant doit s'inventer un autre nom et prénom en utilisant toutes les lettres contenues dans ses vrais nom et prénom.
Faire vivre ensuite le(s) nom(s) et prénom(s) choisi(s) dans une petite histoire :

« Monsieur et madame Dériver ont une fille Elivérane.
Celle-ci est mariée avec Lévarian Riderve.
Ils ont un fils, Naliéri qui a une fille Larvainée
qui doit se marier avec Vailanire Vidérer ».

(Valériane Verdier)

« *Nath Ria est née d'une passion irréelle et furtive à Venise au 16° siècle. Pendant son enfance, elle grandit au milieu d'une troupe de comédiens de la Commédia del Arte. Et c'est ainsi qu'elle devint elle-même une jeune fille vive, n'aimant que le théâtre populaire. Elle mourut à trente ans dans son élan du jeu. Oui, une nuit, elle bascula en riant dans le Grand Canal.*
Ce fut la dernière image que l'on garda de Nath Ria : Une robe flottant sur l'eau, un nénuphar pâle, un éclat de rire ».
(Nathalie, formation d'animateurs, Toulouse, 2000)

« ***Luis Colongo :***
Nom africain qui signifie « *ma pirogue* ». *Quand le portugais, au XVII°siècle, a descendu le fleuve et rencontré Makoko, il est revenu par l'Italie avec quelques aventuriers noirs qui venaient, à leur tour, découvrir l'Europe. Ils se sont installés et métissés et la descendance de l'un d'entre eux a su conserver le nom d'origine.*
Dans l'écriture européenne, le K est « *troqué* » *par le C, plus usuel au cours du XIX° siècle (comme Kongo est devenu Congo). C'est mon arrière grand père et sa femme qui, fuyant la dictature de Mussolini, sont entrés en France en 1931. Le nom africain se décline désormais en français et signifie :* « *toujours aussi blanc* » *!*
(Formation d'animateurs, Toulouse, 2000)

« *Maël Retotchi qui habite l'île de beauté...* ou bien
Ensijo Semra né au bord du Nil, architecte de Ramsès 2, dans un tombeau de la vallée des rois, en Egypte... ou encore

6.5 – Jouer ensemble, décontracter, permettre le rire

Apprendre à inventer sa propre langue, son propre vocabulaire : utilité de regarder les mots, de les casser, d'en réinventer, de jouer avec les mots, avec l'écriture des mots[21], les alphabets, le bruit des mots[22], les calligrammes et lipogrammes, le« sta fli zu » du Ciclop[23], de les apprivoiser, de les écrire en les dessinant, de jouer avec le fond et la forme, d'approcher la calligraphie.

Le staflizu : En groupe de trois, chaque participant trouve une syllabe, un son, puis le groupe en fait un mot et trouve une définition comme si le mot était un mot courant du dictionnaire. Ensuite chaque participant du petit groupe écrit un court texte en y incluant le mot trouvé comme s'il était d'utilisation courante. Lecture au grand groupe qui doit trouver la définition du mot telle que définie par le petit groupe. Bonne proposition pour faire rire et souder le groupe.

Mot trouvé par un groupe : *un « laïdinmir »*
« Je montais lentement les derniers mètres qui me séparaient du sommet – il se situait à quelques 3500 mètres d'altitude – et soudain, je vis en contrebas une faible lueur jaune et tremblotante. Je tendis l'oreille et je perçus alors un son cristallin mais ténu qui montait de la vallée embrumée. Je reconnus l'antique laïdinmir qu'utilisait encore certaines communautés de cette partie oubliée de la montagne. C'était un moment à la fois magique et impressionnant. Et je sus que j'avais enfin trouvé ce que j'étais venu chercher ».
« Dimanche dernier, dans une brocante, j'ai enfin trouvé un petit laïdinmir à un prix raisonnable et qui sera très bien lorsque je

---

[21] Guenoun Joël « Les mots ont des visages », Paris 1995, Ed. Autrement
[22] BT2 n° 57, mars 74 « Pour jouer avec les mots » (ICEM-CRAP pédagogie Freinet)
[23] Frenkiel Pierre « 60 jeux relationnels et quelques autres pour faire advenir le plaisir d'écrire ». Ed. interculturelles, Paris.

veillerai, le soir, sur ma terrasse. C'est tellement agréable, les soirs d'été, de bouquiner, bercé par un doux halo de lumière et de petits chuchotements ».

« Un ami alpiniste, faisant un périple dans la chaîne himalayenne, m'a rapporté un laïdinmir. Depuis longtemps, je souhaitais avoir cet objet accroché aux branches du gros jacaranda de mon jardin, là où le souffle du temps glisse allègrement pour mieux se livrer. Des éphémères viennent s'y échoir, attirés par sa douce lumière ».

Définition donnée par le groupe : *« Laïdinmir, nom féminin, petite lampe à huile utilisée dans l'Himalaya. Elle a la particularité de ne pas s'éteindre par grands vents mais, au contraire, elle émet une symphonie de sons au rythme de la provenance et de l'intensité du vent ».*

6.6 – Jouer avec les lettres

Proposition : Cinq lignes sur une consonne choisie. Parler de n'importe quoi en laissant aller la plume. Et, se faisant, composer une poésie. Ou apprendre la calligraphie arabe ou chinoise...

La lettre L, l'est pas laide. Longue élancée,
Loin du A, le L a les ailes larges et longues,
Ligne légère élancée. Elle l'aime le L. Il est
Libre, il apostrophe. Elle le laisse se lier à l'autre,
L'autre lettre. Libre liaison, liaison littéraire.
                    (Anne, Ecole d'éducateurs de Toulouse, 1999)

6.7 – Jouer avec les mots

Apprendre, se faisant, la dérision et le non-respect de l'orthographe et du classicisme. Oser les détournements, les faux sens, le non-sens et, même, avec une graphie fantaisiste des mots, écrire des histoires.

Proposition : Jouer avec le contenu des mots. Détourner les mots, les écrire autrement, les casser en deux ou en trois.

Inventer d'autres façons de les écrire. Inventer, ce faisant, des significations différentes. Puis faire écrire un texte avec les deux façons d'écrire le mot.

Miss terre   caddie yacht   Telle   est vision

    Gaz pille âge   Feu naître
    Amer riz qu'un

Pas riz, To loose, Mare seye, Bord d'eau, Poids tiers, L'Ille, Strasses bourg, Vent dôme...

Des ors donnés   Ma queue, donald   chaud sûr
    Con cul pissant

      Tas bourré   Collé hop terre
   Tôt nid truand

7 – L'inspiration n'existe pas, tout est affaire de « travail »

Avoir quelque chose à dire c'est aller chercher des matériaux pour écrire, comme le maçon a besoin de pierres ou de briques pour construire un mur : recherche de documentation, cueillette de mots et d'images, listes de choses vues, apprises, en ordre ou en désordre inventaire à la Prévert, souvenirs, découvertes, voyages, passages, lieux, paysages, images, musiques… Choses pensées, lues, classées, analysées…

Et puis, **aller à la rencontre des mots**, de leur signification profonde, de leur histoire, de ce qu'ils éveillent en nous. Chercher avec Camille Laurens, *le grain des mots* ou de *quelques-uns*, des mots de tous les jours comme « oui », « jamais » ou « chagrin »[24].

7.1 – Aller à la recherche de matériel, cueillir des mots et des images

Brain storming, recherche des mots dans un mot, associativité, scrabble, établissement de listes et d'inventaires, abécédaires sur un thème, description d'univers… Tout est bon pour amasser, recueillir, chiner, accumuler des mots, les choses qu'ils représentent, les images qu'ils font surgir…

Parce qu'on ne construit pas un mur et une maison sans entasser d'abord des pierres ou des briques. Lorsqu'il y en aura assez pour la largeur, la longueur, la hauteur envisagée, alors on pourra tenter d'en mettre deux côte à côte ou en dessus l'une de l'autre.

Pour construire des phrases, recueillons d'abord des mots, soit tous ensemble au tableau, soit de façon solitaire en se promenant, en regardant, en notant ceux que l'on aimerait

---

[24] Laurens Camille, « Quelques-uns » et « Le grain des mots », Ed. P.O.L. 1999 et 2003.

employer pour ce qu'ils représentent. Comme on choisit des pierres pour la couleur, la grosseur, la régularité…

Proposition : il s'agit de retrouver dans le mot initial, -lumière par exemple, comme le propose Philippe Berthaut-, tous les mots que l'on peut trouver ensemble, soit avec les sons, soit avec les lettres. Puis, chacun écrit un texte en utilisant tous les mots trouvés.

Tous les mots, rien que les mots, ces mots-là et d'autres ou bien quelques-uns d'entre eux… Peu importe le sens ; s'il est baroque ou même indéchiffrable. Et puis, on peut toujours en faire un autre en choisissant ses mots.

Le lierre mêle quand le miel luit, que la mûre mûrie et la mie lie.
L'île rie quand le merle erre, que l'air rime et la mer hume.
La mule murmure et ma mère est émue..

Il a lu hier à sa mère qui erre dans l'aire autour, avec ses airs, et qui traverse l'ère comme une mule. Elle a ri et se mire dans une lime qui reluit. Elle veut luire, chanter sa rime sur le mi : Alors ma mie mûri. Lire lui lie l'île au miel. Elle aussi rit au mur. Elire l'ire de l'émir, c'est mêler le lierre au merle.

(Formation d'animateurs, Toulouse, 2000)

Proposition : accumuler des images et des comparaisons avec l'utilisation de « comme ». Et même avec cette proposition anodine, perce la personnalité de l'auteur qui s'y découvre lui-même sans doute !

*« **La vie, c'est comme** les gâteaux*
Comme un bon gâteau au chocolat
La vie, c'est pas sûr qu'on la réussisse…
        L'amour, c'est comme les bonbons
        Comme un bonbon dragée par exemple
        L'amour, c'est pas l'amande garantie.
                La mort, c'est comme un rôti

Comme un rôti oublié au four
La mort, c'est quelquefois carbonisé.
Je suis comme le cuisinier
Comme une personne qui veut tout réussir
Je suis celui qui essaye et fait de son mieux » !
(Formation d'animateurs, Toulouse, 2000)

7.2 – Montrer les diversités des écritures

Depuis les listes de Prévert, aux poésies en proses, des haïkus aux belles lettres publicitaires, des jolis textes professionnels -il en existe- ! aux lettres d'amour, des *exercices de style* de Queneau aux journaux intimes. Par la lecture et des propositions d'écriture. Varier les approches, varier les genres, varier les styles, varier les langues, varier les polices d'écriture. Tout voir, tout essayer, se frotter à tout pour découvrir, peu à peu, une approche de l'écriture qui conviendra mieux à tel ou tel participant. Quel plaisir, parfois, d'en voir un ou une se coltiner avec un genre qu'il (qu'elle) a découvert et faire des prouesses ou simplement prendre du plaisir.

Proposition : « Copier/coller ». A partir d'une dizaine de livres divers choisis par l'animateur : poésies, romans, ouvrages professionnels, etc, selon l'intitulé et les buts de l'atelier, et qui circulent entre les mains des participants, ceux-ci doivent collecter, au hasard, des mots ou des phrases qui, pour eux, ont du sens, qui les attirent ou qui les heurtent. Les mettre bout à bout, les relier ou non, en faire un texte construit ou pas.

8 – Les matériaux qui sont en nous

8.1 – Aller chercher en soi la matière pour dire, se dire, oser dire « je »

Une des techniques de rechercher mots et images, avant de se mettre à écrire, est d'aller **les collecter au fond de sa mémoire**. Elle est pour tous remplie de matériaux enfouis, parfois oubliés, jamais inutiles. Et, dans cette pêche, quel plaisir de ramener dans son filet tous ces mots qu'on pensait perdus, dont on peut, maintenant se servir pour construire une histoire, un récit. D'autant plus qu'on peux choisir ce dont on a seulement envie de parler !

Alors, se permettre l'émotion du souvenir, se rappeler l'enfance, ce paradis perdu ou cet enfer à fuir. Retrouver d'anciennes pistes connues, oubliées, faciles à raconter tant elles sont familières. Si vraies, si lointaines déjà et pourtant encore si proches. Ces traces nous touchent toujours. Elles toucheront aussi le public de l'atelier et, à la lecture, l'émotion pourra poindre. L'auteur n'y sera pas insensible et, sans le montrer peut-être, va-t-il découvrir pour la première fois l'influence de ses mots, de ses images sur le public.

Le voilà accroché. Le travail de l'animateur est d'amener chacun des participants à faire la même expérience sensible.

Pour, lentement, petit à petit, amener l'écrivant à parler de lui-même, sans qu'il s'en aperçoive immédiatement, l'artifice du « je me souviens... », classique pourtant, est un merveilleux inducteur. S'en servir sans retenue après avoir lu quelques lignes choisies du texte -trop long pour un public débutant et qui peut lasser dans son entièreté- de même mouture écrit par G. Perec

Ce texte montre bien le lien qui existe entre les impressions de l'auteur, sur des traces réelles laissées par des évènements vécus, et l'Histoire de notre monde, l'époque dont nous parle l'auteur, la grande et la petite histoire... de Gaulle et les scoubidous. Occasion pour l'animateur de montrer que la grande

Histoire, la sociologie d'un pays, sont constituées de l'addition de plusieurs histoires individuelles. Et les participants comprendront qu'eux aussi, individuellement, ont quelque chose à nous dire de leur passé, de leur histoire, et qu'ils sont seuls à pouvoir nous raconter leurs expériences passées. Ce sont, en effet, des choses qui nous concernent tous. Parce que ce sont des moments vécus de l'Histoire et du monde. Le récit devient alors mémoire du monde, dépassant ainsi la mémoire de son seul auteur pour devenir témoignage d'une époque.

Je me souviens...

Je me souviens de la première fois que je suis monté dans un bateau
Je me souviens de la première fois que j'ai quitté mon village
Je me souviens de la première fois que j'ai découvert que le monde ne s'arrête pas derrière les montagnes
Je me souviens de la première fois que j'ai commencé à parler le français
Je me souviens de la première fois où j'ai vu la télévision avec ces gens qui me parlent et qui me regardent
Je me souviens de la première fois où j'ai vu du jambon
Je me souviens de la première fois où j'ai vu la mort d'un homme, où j'ai saisi que l'homme tout puissant, en même temps, n'est rien sur cette terre.
(Saïda, Ecole d'éducateurs de Toulouse, 2001)

Je me souviens de la mer, tantôt bleue, tantôt verte.
Je me souviens aussi des bateaux de pêche
Qui reviennent au port suivis par les mouettes.
Je me souviens de la lande où poussent genêts et ajoncs.
Je me souviens d'avoir ramassé des coquillages
Et d'avoir fait des châteaux de sable,
Il y a bien longtemps !
Je me souviens de la nature qui renaît au printemps.
Je me souviens de l'odeur de la craie dans la salle d'école.
Et je me souviens de la bonne odeur des crêpes.

Je me souviens du feu dans la cheminée
Qui crépite pendant toute la soirée.
Je me souviens du goût du sel et du sable.
Je me souviens du soleil qui rayonne en été.
(Nelly, formation EAMR à Molière, 1999)

8.2 – Décliner son identité profonde...

Proposition : je suis... et continuer.
L'important, c'est la couleur des mots, et l'invention, et l'imagination. Qu'est-ce que la réalité ? On a bien le droit de rêver, d'écrire la page dix de son histoire personnelle, de s'inventer, ou de construire sa personnalité.

Je suis un renard
Je suis une cloche qui sonne
Je suis un réveil ou bien
Une sonnette peut-être ?
Je suis une herbe
Je suis carnivore
Mais je mange de tout
Je suis jaune
Comme le soleil ou la lune
Ou peut-être les étoiles ?
Je suis une sardine en boîte
Ou un homard ?
Je suis un cheval
Ou son poulain ?
Je suis une chaise
Je suis une carte postale
Je suis une carte routière
Je suis une orange
Et un citron en même temps.
Je suis la page dix
Et mon nom est Mathilde.

(Mathilde, 10 ans, atelier d'écriture impromptu à la maison avec deux copines, 1994)

Je suis un gribouillis
Qui tourne, tourne
Comme une spirale sans fin
Pour aboutir au creux des ruines vivantes : la mémoire oubliée.
Je suis un gribouillis
Un bourgeon de culture,
Un brouillon de couleurs,
Echantillon de douceur.
Je suis là, un « étant donné »
Mais je suis aussi ailleurs, cachée
Dans un gris-bouillis, un gris-souris, un gris-bleu, gris-vert...
Je suis gribouillis qui gribouille, qui gratouille, qui cherchouille,
qui gargouille, qui... Violaine.
(Violaine, atelier DUEPS, Toulouse, janvier 1986)

8.3 – Mémoire et souvenirs, graphème et anamnèse

« *Quand la mémoire va chercher du bois pour ranimer le feu, elle ramène le fagot qui lui plaît* ». Et c'est dans sa propre mémoire ou imagination qu'on pourra trouver le plus de matière pour produire du texte. Alors, n'hésitons plus à monter au grenier, à ouvrir les armoires du temps passé, à fouiller « l'étang obscur » dont parle J.Loup Trassard dans *l'espace antérieur*.

Sur le modèle du « Je suis né... » de Georges Perec[25].
Mine de rien, en s'amusant, sous forme de poésie, le passé qui affleure, pas forcément très rose ; et la personnalité qui pointe :

Je suis né, pâle, il est vrai,
Je l'aurais peut-être été moins (pâle) si j'étais né au Népal,
J'ai grandi dans le midi. J'aurais préféré grandir
Dans le 4 heures car j'aimais bien les goûters. Le midi, je n'aimais pas manger,
Ni le soir d'ailleurs, alors on est parti ailleurs.
En fait on suivait mon père.

---

[25] Perec Georges « Je suis né... » , Seuil, Paris, 1990

A force de le suivre, je l'ai perdu de vue.
Puis définitivement plus tard.
J'étais toute petite mais je commence à grandir.
Il faudra aussi agrandir la maison car les garçons
Ont besoin d'avoir chacun leur chambre. Plus tard.

Je suis née mais je n'ai jamais été. Je commence à être.
Comme un être qui met du temps à pousser
Mais qui est bien solide sur ses bases.
Sur mes nouvelles bases. Et je pousse. Je pousse.
Je m'arrose tous les jours. Je me taille.
Je prends de l'engrais de temps en temps. Mais pas trop souvent.

J'ai dit au revoir à mon passé,
A mon passé décomposé
Et je compose sur mon présent.
Je suis née il y a deux ans ou trois peut-être.
J'ai failli naître il y a sept ans mais c'était prématuré.
J'ai bien fait d'attendre !

(Evelyne, Prayssac, mai 1995*)*

Numérologie : je suis née numéro 7

Quand j'ai compris que pour prendre ma place,
Avec le 7, je pourrais paraître, futur génie, futur maître,
J'ai, auprès des 8, revendiqué ma raison d'être...
Quelle ne fut pas la réaction ! Car au lieu d'avoir
Raison, j'oubliais le n°1 décédé, ce qui m'avait
D'un rang décalée ... J'ai pleuré... Je ne savais pas.
C'était comme si on m'avait dit que mon père ne l'était pas...
Je suis née un 4 du 11 de l'année 55.
Que faire du 4 ? Que faire du 11 ?
11 moins 4 égalent 7... La 6 retombe têtue sur son 7.
Le génie pour obtenir, non pas un bout de pain,
« On n'a jamais manqué de rien » disait-elle,
Mais pour attirer l'attention que le 1 avait gâchée,
Le 2 frustrée, le 3 bafouée, le 4 gaspillée,
Le 5 bricolée, le 6 honorée et moi
Qu'avais-je donc fait pour le mériter ?

... 7, 6, 4, 11, 55, les chiffres
Qui m'ont bercée, étonnée, malmenée...
Je n'ai jamais voulu étudier les maths comme les 6 autres.
Avais-je déjà trop compté ?
(Brigitte, en atelier de DUEPS, Toulouse, janvier 1996)

Je suis nez en l'air
Sans en avoir l'air.
Je suis néant et infinie.
Je suis Néfertiti.
Je suis nébuleuse, étoile filante,
Confiante,   patiente,
ardente.
Je suis née, puis-
née, faux nez,
Ajournée,   retournée,
abandonnée.
Je suis née un jour
Avec beaucoup d'amour.
C'est en aimant qu'on est.
Je suis l'aînée,
Je suis née,
Je suis,
Jeu...
(Françoise, en atelier de DUEPS, Toulouse, janvier 1996)

Faire écrire son épitaphe de naissance, des anamnèses, des biographèmes.

Anamnèse : souvenirs d'évènements concrets qui remplacent l'expression d'un sentiment ou d'une idée. Une *ténuité du souvenir*, selon Roland Barthes[26] : *Au goûter, du lait froid, sucré. Il y avait au fond du vieux bol blanc un défaut de faïence : on ne*

---

[26] Duchesne Alain, Legay Thierry, *les petits papiers, écrire des textes courts* n°3, Magnard, Paris, 1991

savait si la cuillère touchait ce défaut ou une plaque de sucre mal fondu ou mal lavé.

Biographème : traits discontinus rappelant des moments intenses ou ténus qui nous touchent dans une vie.

8.4 – Ecriture et photos

Comme outil à tout faire en pédagogie pour adultes, le photo-langage est un bon moyen d'apprendre à regarder, de décrire, de faire parler de soi ou d'imaginer une scène, une fiction. A utiliser sans modération mais, toutefois, avec précaution. En effet, le « photo langage » n'est pas un outil neutre et peut s'avérer très impliquant. Ne s'en servir qu'en sachant les risques pris. Doucement.

Mais c'est un excellent outil dans toute pédagogie centrée sur la personne. Il permet de décrire et de se décrire, de se présenter, de dire ses goûts, ses sentiments, ses opinions. Il donne la possibilité de parler de soi sans trop le montrer, d'être extrêmement impliqué tout en gardant de la distance. Bref, c'est un outil à utiliser à bon escient dans une pédagogie et une progression réfléchie. Moyennant quoi, il peut s'avérer miraculeux... et provoquer de salutaires prises de conscience.

Ce n'est d'ailleurs pas le seul outil pour travailler des photos. N'importe quelle photo publicitaire peut faire l'affaire. Ou le document annuel de Reporters sans frontières. Ou des photos apportées par les participants eux-mêmes : des photos de soi à des âges différents, des photos de famille ou avec des amis. Des photos que l'on prend soi-même, entre nous, pendant l'atelier d'écriture. Chercher des documents, c'est chercher de la matière pour écrire.

Proposition : toutes les photos d'une panoplie sont proposées aux participants qui en choisissent une ; celle qui leur parle, celle qu'ils préfèrent. On peut d'abord demander une simple description objective, puis ensuite un texte sur les émotions qu'elle provoque.

Olivier en choisit une représentant un menuisier au travail, sciant une grande plaque de contreplaqué sur une scie circulaire…

« ***Souvenirs*** »
« Alors là ! Et oui, c'est moi. Bon, bien sûr, avec vingt de moins. Mais je n'ai pas trop changé, non ?
On m'avait dit : « Tu verras, le travail du bois, c'est un métier d'avenir, il y a quelque chose de noble là dedans. Le bois, c'est vivant, chaud, cela sent bon. C'est passionnant de savoir lire une pièce, lui donner une forme, un volume, etc...etc....
Bonjour la galère, oui.
Avant toute chose, les cheveux. Tous ces copeaux qui se logent près du cuir chevelu, combien de peignes, j'ai pu édenter. Un bonnet, les copains de l'atelier ont ri pendant au moins un mois de me voir attifé de ce couvre-chef ridicule :
-Tu vas nous faire la popote ?
-Il est frais mon poisson, il est frais !
-Tu te trompes d'atelier, le dentiste, c'est à côté ! Etc... Etc...
Les copeaux, on en mange par la bouche, par le nez, à en garder le goût même pendant le week-end. Les yeux sont toujours secs et irrités. Tu finis presque par loucher.
Un métier d'avenir, tu parles ! L'usine, au début, fabriquait des meubles de supermarché, puis des palettes, enfin des allumettes. Et, pour finir... elle a fermé, bouffée par le marché asiatique.
Et puis, on te dit : « On va t'apprendre le métier, mon gars ! » Alors, on te met devant la machine n°4, tu sais, celle qui est toujours libre. Et pour cause, toutes les demi-heures il te faut tout regraisser, tout resserrer. Elle date de Mathusalem ou, au moins, de son neveu ! En tous cas, elle date. Ils n'ont pas dû l'avoir pour cher, si on ne les a pas payés pour la prendre ! En fait, elle ne sert qu'à une chose : couper en deux des planches sur leur longueur, pas les épaisses, bien sûr ! C'est pas mal pour débuter. Mais au bout de deux ans, l'apprentissage te semble un tantinet longuet. Et puis, des planches de sapin, parce que c'est plus tendre, et comme elle est un peu poussive, pas question d'y passer du chêne. De ces planches -là, ils en avaient besoin, mais cela ne m'occupait qu'une demi-journée. Alors, le reste du temps :
-Tiens, tu me passes le balai, là...
-Tiens, les toilettes sont dans un état, tu ne veux pas...

-Tiens, donne-moi un coup de main, petit, range-moi ces débris et fais-les brûler dans la chaudière, et après...
Enfin, toutes les corvées étaient pour moi.
Et les mains ! Au début, pleines d'échardes. Tu as l'air fin auprès des filles avec tous tes pansements. Remarque, après, ce n'est pas mieux avec tes mains rugueuses. Cela fait prolo, manuel. On me disait : « C'est beau les mains de travailleurs ». Allez leur dire, vous. Cela sentait plutôt les fins de mois difficiles. Elles le savent, va !
Le dos, le dos. Toute la journée à être debout, tu rêves de t'allonger pour le soulager. Une fois au lit, tu n'oses plus dire : « Non, pas ce soir, j'ai trop mal ». Alors, tu te retournes. Mais tu n'es pas bien. Tu te tournes, te retournes... et puis tu te fais engueuler parce que tu l'empêches de dormir. Et le matin tu as droit aux : « Tu as vu tes valises. C'est beau la jeunesse, mais faut pas abuser de la chose, tu vas y laisser ta santé ! » Tu réponds quoi ?
Les matins, la beauté du petit matin avec le premier rayon de soleil... Pas pour moi. Quand il se lève celui-là, moi cela fait une heure que je bouffe des copeaux. L'hiver, il fait très froid, on ne sent plus ses doigts. Parce qu'en plus, tu es le dernier arrivé, alors la place à côté de la chaudière, elle n'est pas pour toi. Toi, c'est à l'entrée, près du grand portail que tout le monde laisse ouvert. « La porte !... » « Oh pardon. Mais tu es habitué... » Atchoum ! Le nez qui coule. Avec les copeaux comme pansement !
Tu te dis : » Vivement l'été, là, au moins, tu seras bien placé ». Et puis, au printemps : « Bon, on fait le ménage aujourd'hui et on redispose autrement les machines ». Voilà, tu es au fond, sans air, avec un toit en tôle chauffé par le soleil qui remplace largement la chaudière...

Maintenant, au fait, je suis éducateur. Salut les copeaux » !
(Olivier, école d'éducateurs, Toulouse, Mai 2001)

8.5 – Dire l'utopie, créer la réalité de demain.

Pour faire travailler l'imagination, retrouver les jeux de notre enfance, écrire des utopies, des fables, des contes ou des comptines, dire nos désirs profonds, refoulés, cachés.

Proposition : Le jeu du Portrait Chinois

Si j'étais une maison, une voiture, un paysage, etc. Et chacun dans le groupe, en suivant, peut lancer une proposition. Puis tous écrivent en la suivant jusqu'à ce que le jeu fatigue. On lit ensuite par proposition ou par auteur, comme l'animateur l'indique ou sur proposition du groupe. Il faut que la proposition soit clairement explicitée pour que le groupe puisse s'y tenir, comme toujours.

« Si j'étais une voyelle, je serais le « Y », rare, exotique, celui qui vient d'ailleurs, étranger, bizarre. Celui qu'on ne recherche pas forcément, qui est donc peinard. Celui qu'on va chercher pour les grandes occasions.

Si je n'étais pas moi – on peut toujours rêver – Il faut d'ailleurs rêver : Peut-être toi, ou lui, ou l'autre. Mais je ne le crois pas. Plutôt, fabriquer son idéal de toute pièce, l'emprunter à la littérature, à la bande dessinée...

Si je n'étais pas moi... Mais qui je suis, au juste ? »

Michel

« Si j'étais une voyelle, je serais un « O », je tournerais sur moi-même pour rebondir dans l'atmosphère et, disparaissant à l'intérieur de moi, je prendrais les dimensions de l'univers avant de disparaître ».

Raymonde

« Si j'étais une note de musique, je serais le « do » qui enrobe, adoucit, choie par delà le son. Et le ton chaud, appuyé, fait écho dans mon for intérieur et m'entraîne dans la rondeur du son ».

Sylvie

« *Si j'étais une note de musique, je serais soit blanche, soit noire,*
Soit longue, soit ronde. Mais qu'importe, ma couleur ou ma forme, l'essentiel,
C'est que je sois belle !

Si je n'étais pas moi, je ne serai pas là...
Je ne serais pas ici, je n'en serais pas là...
Je ne sais pas qui je serais, je ne serais pas là.
Je serais ici ou ailleurs, mais je n'en serais pas là.
Car je serais quelqu'un d'autre... Une autre
Sûrement pas comme moi, un peu plus,
Un peu moins
    Mais quelqu'un... »

Christine

« *Si j'étais une note de musique, je serais un percussionniste africain qui bat le rythme pour le village entier afin qu'il n'y ait plus que danses, chants, cris, feux de joie... toute la nuit.*

Et si j'étais une handicapée, je serai ravie de croiser un sourire sincère et sans pitié dans la rue ».

Aurélie

8.6 – Des lieux, des maisons, des endroits, des pays, des paysages qui ont marqué

Des espaces qui ont marqué, qui nous ont faits, qui nous ont modelés à leur image. Des lieux magiques ou terribles, des armoires ou des greniers de notre enfance, des plages de souvenirs, des photos jaunies.... Un fatras de matériaux dont on peut se servir pour explorer, raconter, inventer, planter un décor, une aventure, écrire.

Proposition : plier en 9 une feuille blanche[27]. Sur chacune des 9 parties, écrire un lieu qui nous a marqué. Communiquer l'ensemble des 9 lieux au groupe puis écrire sur l'un d'entre eux.

Et la magie s'exerce, d'intéresser le groupe, simplement à la lecture de ces lieux, seulement connus de l'auteur. Mais comment connaît-il ce pays ? Pourquoi fait-il naître une image différente chez chacun ? Pourquoi a-t-il choisi d'écrire sur ce lieu plutôt que sur cet autre qui paraissait plus riche d'images ? Pourquoi les tranchées de Verdun, pourquoi la France ou le grenier de ma grand-mère ?

Tranchées de Verdun

« Jeux de guerre, innocent, je suis du côté des bons, des vainqueurs ; les autres doivent mourir pour que je puisse exister ; chef de guerre, guère enthousiasmé par la vérité.

*Visite des **tranchées de Verdun**, paysage lunaire, ambiance apesanteur. Suivre le chemin, défense de s'éloigner ; ne pas faire partie du décor !*

Terrain de jeu idéal, il ne reste personne pour jouer ; les tranchées sont vides de tout occupant. Où sont-ils ?

Bien alignés, ils ont tous le même uniforme. Maintenant, seul la couleur du drapeau diverge ; les vainqueurs sont mélangés aux vaincus.

Le temps s'est arrêté. Il n'y a pas de maisons ici. Le vent ne fera jamais onduler ces hectares de champs, champs de nombres, chants de gloire du passé.

Il n'y a plus d'avenir. Les vivants ont la mine grave, l'allure fière du devoir accompli.

Je n'ai plus envie de jouer.

Ici, j'ai rencontré tous mes grands-pères ».

(Eric, Ecole d'éducateurs de Toulouse, 2001)

---

[27] Proposition de Pierre Frenkiel de l'atelier du CICLOP

La France

« *Je vais vous parler d'un pays que je n'ai jamais vu. Il se trouve de l'autre côté des montagnes. Ce pays est très grand et très riche mais il n'y a que les hommes qui y vont pour travailler et gagner de l'argent.*

On me dit souvent qu'il y fait très froid, même pendant l'été. Il y a des fruits et des légumes toute l'année.

Les gens de ce pays sont très différents : les femmes et les hommes sont égaux et ont les mêmes droits. Il y a même des femmes qui conduisent des voitures et d'autres qui commandent aux hommes.

Les femmes n'ont pas beaucoup de temps car elles travaillent. Elles n'ont souvent qu'un enfant, une fille ou un garçon, mais rien qu'un seul.

Cet enfant, on lui donne le biberon, on lui change ses vêtements, on le met dans son lit, seul dans une chambre. Ils appellent ça l'éducation ! »

(Saïda, Ecole d'éducateurs de Toulouse, 2001)

8.7 – Réfléchir sur l'écriture, sur son rapport à l'écriture

C'est aussi un moyen de progresser dans l'écriture. C'est faire remonter dans sa conscience le concept même d'écriture : Qu'est-ce que c'est ? D'où ça vient ? Comment ça marche pour moi ?

Proposition : écrire, c'est…

« *Ecrire est un moyen de laisser une trace sur la terre. Même l'état civil nous demande de signer ou de faire une croix pour être reconnu. L'écriture est un moyen de raconter le passé, l'histoire, les évènements des Hommes. Aujourd'hui, l'écriture et la lecture font partie de notre éducation : On écrit pour ne pas oublier ; on écrit pour communiquer malgré les frontières. Pour moi, écrire, c'est aussi toucher au plaisir de sortir de la simplicité de la vie, de voir la vie en rose et le monde plus tolérant. Un jour, je donnerai l'envie aux gens d'apprendre à leur tour ce même plaisir, la découverte d'autres richesses ».*

« *Ecrire c'est cueillir les mots sur le velours de soi, l'écriture de soi sur le velours de toi.*
Ecrire c'est au présent dessiner une absence, se souvenir enfin de ce qui n'existe pas ou qui a existé et ne peut être dit.
Ecrire c'est inventer des chemins qui mènent jusqu'à rien, jusqu'au bout, n'importe où.
Ecrire c'est moissonner, c'est battre la campagne ».
(Laurence, école d'éducateurs, Toulouse, mars 2002)

9 – Évaluation en fin de parcours

Evaluation de soi dans l'atelier -attitudes face à l'écriture, relations au sein du groupe, expression libre-. Elle est systématique en institution et peut prendre des formes variées et créatives au gré de l'animateur. Toujours intéressante, elle permet aux participants de mesurer les écarts entre attentes et résultats : production d'écrits, attitude, plaisir, inhibitions, etc, de vérifier les changements, de prendre conscience des transformations survenues par rapport à soi dans le groupe, dans la lecture et dans l'écriture... La forme même de l'écrit d'évaluation emprunte aux jeux de l'atelier, n'est plus la même que l'écrit des attentes. Point n'est besoin d'analyser le contenu, la forme parle d'elle-même. On sent une libération !

Proposition d'auto-évaluation : écrire sur son rapport à l'écriture, à la création, sur son rapport au groupe, sur la façon dont on a vécu l'atelier, sur ce qu'il a apporté.

Morceaux choisis d'une évaluation réalisée en mai 2001, à l'issue d'un atelier d'écriture de 5 jours, dans une école d'éducateurs de Toulouse.

J'ai aimé cette semaine inoubliable que j'ai vécu comme un voyage dans de lointaines contrées dépaysantes et ressourçantes.
J'ai aimé est un verbe conjugué à un temps passé
mais le sentiment s'est installé pour rester présent ».
   (Danièle, formation AMP, école d'éducateurs, Toulouse, 2001)

« J'ai moins peur de la feuille blanche. Ma peur de me livrer aux autres s'est un peu estompée. Des approches différentes, sous forme de jeux (à moins que l'écriture ne soit devenue un jeu) nous ont permis de laisser aller la plume. L'écriture est devenue plaisir. Cette salle a été durant une semaine, un vrai cocon. Je m'y suis laissée bercer. Les émotions à fleur de peau...
J'ai envie de renouveler l'expérience sur mon lieu de travail.
Grâce à cette approche variée et finalement « accessible ».
                                                                              Sylvie

« *Démystifier les mots, apprivoiser les émotions sur du papier.*
« *Accoucher* » *un peu de soi sur une feuille blanche. Communiquer de soi aux autres, rire, échanger, sans avoir peur d'être jugé.*
Apprendre à travers des lectures ce qu'est l'autre.
Cet atelier m'a permis de faire de l'écrit ure un véritable moyen d'échange et de partage. L'ensemble des participants a su, je pense, grâce à un enchaînement sublime de propositions d'écriture proposé par l'animateur au fil des jours, se laisser aller au plaisir et au bonheur d'écrire, tout simplement ».

Fabienne

« *Je ne m'attendais pas à ce genre* « *d'écriture* ». *Le premier jour j'étais un peu déçue. Je me suis ensuite laissée prendre au jeu. Laisser libre court à son imagination est très intéressant. Surtout de lire ses écrits. Nos sentiments et nos émotions passent au travers des mots...* »

Valériane

« *... J'ai été surpris de pouvoir écrire avec autant de facilité, être aussi à l'aise.*
Un stage qui s'est passé dans le calme, la sérénité, le plaisir des mots, des échanges, du partage.
Le formateur m'a transmis sa passion des mots... »

Claude

« *J'ai découvert une foule d'émotions sous des mots venus d'autres bouches que la mienne.*
J'ai découvert des franges de vie de personnes vraies, sensibles...
J'ai pris un bol d'air... »

Marie-Thérèse

10 – Construction d'un atelier (sur 3 jours)

Attention : la place de chaque proposition est chaque fois à repenser ou à réinventer en fonction du groupe, de l'ambiance créée, du moment de la journée, des attentes supposées ou avouées, de la subjectivité de l'animateur, des écarts entre programmation et réalité de l'atelier, etc. Surtout, ne pas faire suivre les propositions automatiquement, sans remettre en cause cette progression, sans s'interroger.

Inventer d'autres propositions en fonction des attentes du groupe. Par exemple faire construire par le groupe un abécédaire du métier d'éducateur après brain-storming. Chaque participant est responsable de la définition et/ou exemplarité de 3 mots trouvés ensemble. Cette approche qui mélange le ludique et le professionnel permet de répondre à des attentes professionnelles non dites mais fortes. Cela m'a été dit, une fois, comme un remerciement.

Toujours varier les approches, mélanger les genres et les styles, faire succéder textes difficiles ou impliquant par des propositions plus faciles ou plus ludiques.

Et pourtant la logique du plan n'est surtout pas à rejeter. Bref, tout doit être réfléchi, soupesé, construit, à l'avance et au fur à mesure. Indication n'est pas règle. Mais la règle est à connaître pour s'échapper du cadre…

Intention de l'animateur
Sortir de l'écriture de convenance et de commande ; sortir des chemins connus et des grandes autoroutes pour susciter une écriture créative et personnelle.

Objectifs de la 1° séance
Trouver sa motivation à participer à l'atelier ; se présenter de manière inhabituelle par écrit ; comprendre le fonctionnement d'un atelier d'écriture.

Donner ses vœux et désirs pour la durée de l'atelier et pour la formation en général :
Ecrire « je voudrais… ou j'aimerais… »

Photolangage : Se présenter par une photo choisie dans le photolangage apporté par l'animateur. Celle-ci doit traduire le mieux notre situation personnelle ou professionnelle, actuelle ou future, visée ou rêvée.

Cadavreski : Faire tourner les feuilles avec en 1° ligne : « Si j'étais… » ou « Je serais… » et en 2° ligne :

« Je serais… » ou « parce que… »

Objectifs de la 2° séance :
Jouer avec les mots, en inventer de nouveaux. Déconstruire la langue, dépecer les mots, les regarder à la loupe et les réinventer. Inventer son style, sa langue et sa grammaire.

Les mots ont des visages : Représenter dans son écriture la signification d'un mot : SecOurS, bord, autoriTAIRE…

Les mots dans les mots : Casser les mots en deux ou trois pour leur donner d'autres sens ou une étymologie inventée : « Sexe au logis », « Rive alitée », « Lit tes ratures ». Puis écrire un texte en utilisant le mot et les mots contenus dedans.

Sta fli zu ou inventer un mot en petit groupe par juxtaposition des trois syllabes apportées par chaque participant. Inventer une définition. Chacun l'emploie ensuite dans un petit texte à lire au grand groupe qui tente de deviner la définition du mot (Ciclop)

Les mots dans (un mot de trois syllabes) grâce aux lettres et aux sons qui y sont contenus, à trouver ensemble en brainstorming. Ecrire un texte en n'utilisant que les mots trouvés plus des mots de coordination, de liaisons ainsi que les verbes être et avoir)

Brain-storming avec **mots en ail(le) ou en ouille** à utiliser dans un court récit pour enfants, conte, comptine, chanson, poème[28]

Métagramme sur son nom et prénom, en petits groupes. Puis se trouver une identité imaginaire.
Récolter au dehors **trois mots sur la nature**. Les écrire sur un papier plié qu'on pose au milieu de la table. L'animateur en tire un pour démarrer un texte. Puis un autre, puis un autre et chacun doit les intégrer tous dans le texte qu'il écrit au moment où ils sont tirés.

Cadavre exquis : Titre d'un jeu d'écriture collective, inventé par les surréalistes et adapté, où l'on écrit deux lignes sur une feuille. On cache la première ligne en retournant vers l'arrière le bord de la feuille et on passe au voisin. Puis chacun écrit deux autres lignes, plie la feuille vers l'arrière en ne laissant apparaître que la dernière ligne et passe à son voisin. Quand la feuille est terminée, on la lit.(ou pas). Puis on refait passer toutes les feuilles à tous et chacun pille les cadavres exquis de phrases qu'il se choisit pour en faire un texte à sa convenance, qu'il va signer, y mettre un titre et lire au groupe.

Objectifs de la 3° séance :
Commencer à écrire sur « je », à dire « je », se dire avec quelque distanciation.

Scrabble : sur un long mot qui nous caractérise, complété en faisant tourner la feuille, comme pour un cadavre exquis. Puis texte à inventer sur le thème choisi en utilisant tous les mots apportés par les autres.

Liste : Chacun se choisit un **thème de prédilection** et commence une liste avec trois mots s'y référant. On fait tourner. Le voisin ajoute 3 mots. Ecrire sur le thème en se servant des matériaux donnés par tous.
Puis **chacun résonne** sur chaque texte lu.

---

[28] « Le moulin à paroles » (déjà cité)

Je me souviens... ; J'aime..., j'aime pas... ; Je suis né... ; Je suis comme...

Ecrire sur **une expérience vécue** (3 à 10 lignes) puis une expérience **inventée**, rêvée. Lire et faire voter laquelle est réelle.

Ecrire **la 4ᵉ de couverture** du prochain livre que l'on va écrire. Donner le titre, le contenu et décrire l'auteur.

Finir l'atelier en s'échangeant **trois mots cadeaux**, prétexte à l'écriture d'un texte sur soi (portrait ou épisode de vie...) en utilisant tous les mots reçus.

Evaluation : Textes libres.

11 – Liste d'outils (inachevée, à compléter, à réinventer)

1 – Présentations, attentes, vœux pour la semaine d'atelier

- **Je voudrais…**, j'aimerais…, je ferai…

2 – Construire le groupe, élaborer un langage commun

- **Cadavres exquis :**

Faire écrire une phrase, une ligne en haut d'une feuille. Plier le haut vers l'extérieur de manière à cacher la phrase. Faire passer au voisin de droite qui continue par une autre phrase. Etc. Ou bien on commence par « Si j'étais… » et le voisin continue par « Je serais… ». Ou bien un sujet ; le voisin continue par un verbe ; le suivant un complément d'objet direct ; puis un complément de lieu ; puis de temps, etc. Mille façons d'inventer des cadavres exquis.

- **Brain-storming :**

Accumuler des listes de mots donnés par tous, sur un thème quelconque au tableau. Puis faire écrire en utilisant tous les mots. Seulement les mots ou bien ces mots et d'autres.

- **Métagrammes** ou les mots dans un mot

Chercher tous les mots contenus dans le mot « lumière » par exemple, soit au niveau des lettres, soit au niveau des sons..

- **Cadeaux de mots** (selon le *CICLOP*)

Chaque participant donne trois mots « cadeaux » à chacun des autres participants qui doivent écrire un texte en utilisant tous les cadeaux reçus.

- **Scrabble**

Chacun met au milieu d'une feuille, en lettre majuscule, un mot, suffisamment long et important pour lui. On passe au voisin qui met un autre mot, en associativité, en se servant d'une des lettres du mot précédent. On fait tourner et ainsi de suite. Chacun récupère sa feuille et écrit un texte avec tous les mots.

- **Associations de mots, d'images**

Chacun met un mot au centre d'une feuille. On passe au voisin qui doit ajouter 3 mots. Le voisin doit mettre 3 autres mots sur l'un du prédécesseur. Et ainsi de suite.

- **Photo-langage**

Mille façons d'utiliser cet outil : par exemple faire décrire la photo puis écrire pour dire comment on se voit dedans. Ou bien décrire le métier ou la situation que l'on aura dans trois ans...

3 – Contraintes, surréalisme, déformations, inventions

- **Listes de mots imposés**

Jeter sur une feuille trois ou quatre mots qui nous passent par la tête. On fait passer la feuille au voisin, tous dans le même sens. Et chacun rajoute deux ou trois mots en vrac, par association d'idée avec ceux qui sont déjà inscrits. On fait tourner la feuille trois ou quatre fois puis chacun écrit un texte en utilisant tous les mots écrits sur sa feuille. Seulement ces mots-là sans rajouter aucun autre mot à l'exception de mots de liaison ou de coordination, des adverbes, des articles....

- **Le visage des mots :**

S'inspirer de l'ouvrage « Les mots ont des visages »[29]

- **Le sens par la lettre et l'étymologie**

---

[29] Guenoun Joël, « Les mots ont des visages », Ed. Autrement, Paris, 1995

Casser les mots, en faire plusieurs avec un et jouer, dans un texte, avec les différentes manières de les écrire. Exemple : Lis tes râtures.

- **Que peut-on faire avec** ...une gomme, une tuile, une table, etc. Ecrire tout ce qui nous passe par la tête.

- **Boule de neige**

Ecrire un texte avec un mot concret, à trouver ensemble, par exemple *chocolat* et un mot abstrait, par exemple *douceur* ou *plaisir* et inscrire ce texte dans un dessin représentant une « boule de neige » ou une tablette de chocolat...

- **Sta-fli-zu**

Faire inventer un mot par apport de 3 syllabes par les 3 participants d'un petit groupe qui va en fixer ensemble la définition. Puis chacun écrira un petit texte dans lequel le mot inventé sera employé comme s'il était un mot normal du dictionnaire. A la lecture des trois textes au grand groupe, celui-ci doit deviner la définition du mot inventé par le sous-groupe.

- **Tous les mots en « ouille », en « ail », en « cr »**... à trouver en « brain-storming » et à réemployer dans un texte.

- **Ce que j'entends dans le silence :** Rédiger un texte sur cette proposition.

Texte à trous

Sur une feuille remise par l'animateur sur laquelle ne figure que des débuts de lignes, faire un texte en intégrant ces débuts de ligne au fur et à mesure.

- **Haïkus[30] et poésies**

Les haïkus sont de petits poèmes japonais commodes, concis, concrets et ciblés. L'art en est très ancien. Il existe des haïkus de saison, des haïkus de circonstance et des senryûs. Les haïkus ne comportent que trois vers dont le premier et le dernier

---

[30] Costa Philippe, « Petit manuel pour écrire des haïku », Ed. Philippe Picquier, Arles, 2000

ont 5 syllabes et le second 7 syllabes. Soit 17 en tout, selon la tradition :

Ils s'en sont allés   *Au fond du café*

Chevauchant les vents d'automne   *Ils commencent à s'aimer*

Les grands oiseaux blancs   *Rue des feuillantines*

4 – Sortir du cadre

- Les 9 points de Palo Alto

- Scripto ou photoclip

Proposer d'écrire à partir d'un mot ou d'une photo et, à intervalles réguliers, montrer un autre mot ou une autre photo que chacun doit intégrer dans son récit au fur et à mesure. Surprises garanties !

- Faire dialoguer les contraires

Le rouge et le noir, la nuit et le jour, l'ombre et la lumière, la lune et le soleil, le devant et le derrière, etc. Chacun peut choisir les contraires sur lesquels il va partir.

5 – Se dire, oser décliner ses identités

- **Acrostiche sur le prénom :** Dire qui on est en commençant chaque phrase ou ligne par une des lettres de notre nom ou prénom, dans l'ordre. Pour corser la difficulté, chaque phrase peut aussi finir par une des lettres dans l'ordre inverse.

- **J'aime… j'aime pas…** lire, pour commencer, le texte de Reiser pour faire bien comprendre la consigne.

- **La première fois…** Ecrire sur ce commencement de texte, comme on en a envie.

- **Je suis né…** Continuer comme dans le roman éponyme de Georges Pérec.

- **Portrait chinois ou : si j'étais...** continuer comme plus haut.

- **Anagramme avec le nom et le prénom :** se trouver un pseudonyme avec toutes les lettres contenues dans notre nom et prénom La proposition peut être suivie en petits groupes de trois. Ou encore, avec les lettres de son nom et de son prénom, s'inventer le nom et prénom du héros d'une histoire à écrire (métagramme).

- **S'inventer une identité :** Se décrire et faire un autoportrait inventé.

- **La vie, c'est comme...** Continuer.

- **Son objet fétiche :** Ecrire sur un objet de sa poche ou de son sac à main, un objet qui nous suit depuis l'enfance ou, simplement, que l'on aime et qui nous définit.

- **Sa propre épitaphe :** L'écrire comme on voudrait qu'elle fut.

- **Je suis...** *Je suis comme je suis, je suis faite comme ça...* Continuer et dire qui l'on est.

- **Présentation de soi en auteur et en 4° de couverture :** Faire son autoportrait comme si un éditeur nous le demandait pour illustrer la 4° de couverture du livre que l'on vient d'écrire.

- **Je suis comme une eau qui coule :** Commencer un texte sur ce thème.

- **Multiplicité de ses racines :** S'inventer des racines multiples et variées, une généalogie bizarre et hors du commun pour expliquer qui on est.

- **Photo de groupe :** Se décrire dans une photo de groupe.

- **Une expérience (ou un livre, un film, un concert...) qui m'a formé(e) :** La décrire et dire pourquoi.

- **Petites annonces** pour échanges de savoirs (Je cherche... J'offre...)

6 – A la recherche de matière

- **Cueillette de choses et de mots en balade :** Sur un petit carnet, noter tous les mots de choses vues, entendues, qui nous interpellent, sous forme d'une liste de matériaux pour écrire ensuite un texte sous la forme d'un journal de route.

- **Son univers d'objets :** Répertorier tous les objets qui nous accompagnent dans la vie.

- **Listes de personnes connues ou de personnes qui comptent ou ont comptées**

- **Liste de ses livres préférés (ou auteurs, ou chanteurs ou…)**

- **Les 9 évènements qui m'ont marqués**

- **Les 9 lieux** (précis) **qui m'ont marqués**

- **Abécédaires :** Des lettres de l'alphabet ; des pays ; de ma ville ; de mes valeurs… ; de ma trajectoire de vie… L'abécédaire est toujours une bonne manière d'aborder un thème, d'écrire à partir de mots inducteurs commençant par les différentes lettres. *« Avec 26 lettres, je domine le monde »*

- **Inventaires :** des choses que je connais ; que je sais faire ; que j'aime ; que je peux apprendre à d'autres ; des objets d'une pièce ; des choses remarquables rencontrées lors d'un périple. Tous les inventaires, toutes les listes sont matière à écrire.

- **Associativités** : tous les mots qui viennent à l'esprit quand on en dit un.

- **Scrabble : A partir d'un mot écrit en majuscule au milieu d'une feuille, faire tourner la feuille et chacun doit rajouter un mot en se servant d'une des lettres du mot. Avec tous les mots, on peut faire un texte.**

- **Les mots dans un mot :** Tous les mots contenus dans ce mot avec les lettres et les sons qui y sont.

- **Copier/coller :** Aller chercher des mots ou des bouts de phrase dans des ouvrages qui tournent, amenés par l'animateur et/ou les participants, et en faire un texte.

7 – Mémoire : se souvenir

- **Je me souviens…** Lire le texte de Pérec pour faire bien comprendre la consigne et faire écrire sur cette proposition de début de phrases.

- **Les 9 lieux de mon histoire :** Faire plier une feuille en 9 carrés et mettre sur chacun des carrés un lieu précis, connu de soi, l'armoire de la grand-mère ou un quartier de telle ville. Faire écrire sur l'un des lieu.

- **La première fois…** Faire écrire sur une première fois, au choix.

- **Un évènement passé raconté en 5 lignes au présent de l'indicatif**

- **Anamnèse**

- **Biographème**

- **Une rencontre, un évènement de l'enfance qui a fait grandir.** Raconter.

- **3 souvenirs d'école qui ont marqués.** Raconter.

- **Photo-langage**

8 – Imaginer, extrapoler, créer

- **Les livres que je vais écrire** : les titres ou les résumés, les titres des chapitres…

- **Se trouver un pseudo et se raconter :** Ecrire sur une personne inventée que l'on aimerait être.

- **Parlez nous de la vérité, de la lumière, de la liberté…**

- **- Poésie avec retour à la ligne**

- **La disparition (Pérec) :** Ecrire un texte en lipogramme (choisir ensemble la lettre à escamoter).

- **Où vont les oiseaux ?** Répondre

- **3 choses sur une île déserte :** Décrire les trois objets ou livres qu'on aimerait emporter sur une île déserte.

- **Haïkus** (voir plus haut)

9 – Evaluation
- **Ecrire c'est...** (continuer)
- **J'ai aimé... J'ai pas aimé...**
- **La prochaine fois...** (Continuer)

Conclusion

Apprentissages

Ce manuel pour apprentis animateurs n'est, bien sûr, qu'un outil de démarrage, pour se lancer. C'est un outil pour aider à la construction **d'ateliers d'écriture d'exploration** pour des professionnels du social, de la formation et de l'animation d'adultes.

Il ne prétend pas « réfléchir » sur les ateliers d'écriture. Il ne sera d'aucune aide pour des animateurs d'ateliers à visées littéraires, professionnelles ou fonctionnelles. Par contre, il devrait s'avérer utile pour tous ceux qui veulent pratiquer l'animation d'ateliers d'écriture dans le cadre de leur travail, avec leur public habituel, pour ceux qui veulent se lancer comme bénévoles ou professionnels en instituts psychiatriques, en maisons de retraite, dans des établissements pour handicapés ou avec des personnes en insertion.

Il se veut **outil d'accompagnement** pour les animateurs qui souhaitent se lancer dans l'aventure de l'écriture **avec tous publics**. Principalement avec toutes les personnes qui n'ont pas bénéficié, jusqu'à maintenant, d'un accès facile à la lecture et à l'écriture. Toutes celles qui n'ont pu aller jusqu'au baccalauréat ou jusqu'à la licence. Et même toutes celles qui ont été à l'Université mais qui, malgré tout, n'ont pu accéder à l'écrit. Il y en a plus qu'on ne le pense de ces personnes qui ont été à l'école mais qui, depuis longtemps, n'ont plus écrit, quelquefois même plus lu de livres. Et qui pourtant auraient envie d'écrire. Non pas comme à l'école. Mais pour jouer avec les mots et la langue. Pour dire et se dire. Pour écrire ou réécrire de la poésie. Pour inventer leur façon personnelle d'écrire. Pour se trouver dans l'écriture. Et se réapproprier leur propre langage !

C'est un outil pour les animateurs qui souhaitent apporter à ces personnes l'assurance qu'elles sont capables d'écrire, qu'elles peuvent y prendre du plaisir et même apporter du plaisir à leurs lecteurs.

L'intention de l'auteur c'est donc de permettre une propagation d'ateliers d'écriture de toutes nature et en tous lieux. Et, pour cela, de motiver et de participer, avec cet ouvrage, à la formation de futurs animateurs d'ateliers d'écriture d'exploration. Leur faire goûter aux joies d'écrire et de faire écrire.

Naturellement, cela ne suffit pas. Le futur animateur aura toujours à poursuivre sa formation en participant à d'autres ateliers d'écriture aussi variés que possible. En participant à une formation d'animateurs. En participant aux rencontres, sur sa région – il y en a de plus en plus - concernant les ateliers d'écriture, l'écriture, la lecture...
Et surtout, il aura à écrire lui-même. A se confronter à l'écriture, dans plusieurs genres différents, dans le genre qu'il aura choisi, en atelier, chez lui, partout.

L'animateur d'ateliers d'écriture d'exploration n'est pas un formateur ou un professeur de littérature. Il n'apporte aucun contenu. Il n'apporte qu'une méthode d'écriture en groupe, une ambiance, une motivation pour écrire. Il ne cherche pas à faire des participants de grands artistes ou écrivains. Il ne vise qu'à donner un peu de confiance en chaque écrivant. Qu'à permettre à chacun de se dire : »Je ne suis pas encore très doué mais je sais que si je veux, si je m'y mets, si je persiste dans ma recherche, je peux y arriver, je peux écrire comme tous ceux qui écrivent. Parce que je sais, maintenant, qu'écrire, c'est du courage ; c'est la volonté de s'y mettre et de récolter de la matière. **Je sais qu'écrire, cela s'apprend en écrivant** et non en attendant l'inspiration. »

Education populaire

L'animateur d'atelier d'écriture qui décide de situer sa pratique dans le champ de l'éducation populaire, décide de s'en servir comme **outil d'émancipation, d'autonomisation, de responsabilisation et de socialisation.**

Emancipation, parce que l'atelier permet aux participants de trouver leur propre moyen de s'exprimer, et que, même avec peu de mots, même avec des fôtes, ils prennent, enfin, le droit d'inventer leur propre langue sans se référer à d'autres. Et même de s'exprimer dans leur propre langue maternelle avec laquelle ils s'autocensuraient peut-être. Emancipation **parce que création**. Parce que dans l'atelier tout est permis et que la créativité est encouragée. Emancipation des règles d'écriture, de ce qu'il faut faire et des interdits... et même des consignes de l'atelier.

Autonomisation parce que chacun est amené à se positionner comme l'auteur de ses textes, comme lecteur ou non-lecteur, comme participant au groupe, comme personne unique et comme maillon du groupe. S'autonomiser c'est devenir indépendant dans l'écriture, choisir sa voix et sa voie ; et interdépendant dans le groupe. C'est assumer devant le groupe l'**identité d'écrivant** qu'on s'est forgé -effet miroir-, grâce aux autres, grâce à leurs façons d'écrire, qu'on se permet même de plagier !

Responsabilisation parce que chacun est seul responsable de ce qu'il écrit et de ce qu'il lit au groupe. Responsable dans le groupe et devant le groupe. Co-responsable de l'ambiance et de la convivialité à créer, à respecter et à faire respecter dans le groupe. Responsable comme membre du groupe. Responsable comme écrivant, comme chercheur en écriture **qui peut enrichir le groupe, qui peut enrichir la littérature**.

Socialisation parce qu'en tant que participant chacun fabrique le groupe et se sent membre co-responsable du groupe, garant pour faire advenir l'écriture et la lecture. Donc de l'expression de chaque membre et de la **qualité des échanges** entre tous -authenticité et profondeur-.

Changement de représentations

Peu à peu, l'animateur osera s'émanciper, quitter les routes connues et apprises. Il inventera son propre chemin, ses propres outils d'animation. Il pourra choisir et construire d'autres orientations pour ses propres ateliers. Il apportera ses expériences dans ce champ d'expérimentation toujours plus large des ateliers d'écriture. Il habillera ses pratiques d'autres pratiques venues des arts plastiques, des arts du théâtre, de la musique ou d'ailleurs. Il enrichira les nôtres. Il poussera les murs de la boutique des ateliers d'écriture et forcera tous les courants, parfois concurrents, toutes les écoles qui se regardent de travers... à reconsidérer le monde, le monde de l'écrit, le monde des ateliers d'écriture.

Parce qu'on aura changé nos représentations sur le monde, sur les ateliers d'écriture, sur l'écriture, sur la capacité de tous les participants à inventer de la littérature, à créer, des mondes.

Parce que c'est ce que nous cherchons à faire dans tous nos ateliers, en tant qu'animateurs : changer les représentations de tous les participants ; changer leur représentation de l'écriture, qui n'est pas seulement de commande mais qui peut être surréaliste ou, à la fois professionnelle et vivante... ; changer leur représentation d'eux-mêmes, de négative à permissive, et même – pourquoi pas ? –jusqu'à pouvoir se déclarer auteur ou, tout au moins, créateur ! ; changer la représentation du travail d'écrire pour une vision de plaisir : travailler en groupe, s'enrichir par le groupe, pouvoir écrire dans une ambiance de créativité.

Et c'est suffisamment rare pour que ce simple fait mérite d'être souligné.
Recréons donc d'autres lieux de plaisir, créons mille ateliers d'écriture !

Bibliographie

Pour toute personne qui désire se former, puis se lancer, dans l'animation d'ateliers d'écriture, nous conseillons fortement de lire quelques ouvrages de base en matière de pédagogie participative. En effet, il est important d'avoir quelques références théoriques, des exemples pratiques de mise en œuvre en abordant quelques grands pédagogues, reconnus pour leurs recherches et leurs expérimentations en matière de « conduite de groupe » ou de méthodes actives d'apprentissage.

En effet, si les outils et moyens pédagogiques sont indispensables pour tout formateur, tout animateur d'atelier d'écriture, ceux-ci ne seront utilisables, opérationnels et non détournés de leur fonction essentielle, que si leur utilisation est constamment basée sur la méthode, sur le sens et la finalité même de la formation, de l'atelier.

En matière de conduite de groupe et de pédagogie non-directive, nous nous référons, principalement, à Carl Rogers. Pour apprendre les principes de la pédagogie participative basée sur les attentes, les besoins et les ressources des participants en s'appuyant sur leur environnement culturel, nous nous référons principalement à Célestin Freinet et à Paolo Freire. Et puis, en matière d'écriture, pourquoi ne pas lire Bachelard et Barthes ?

Ouvrages de base : groupes, pédagogie, écriture

Anzieu D. « **La dynamique des groupes restreints** », PUF, Paris, 1994.

Bachelard Gaston « **La Poétique de la rêverie** », PUF, Paris, 1960

Bachelard Gaston « **L'eau et les Rêves. Essai sur l'imagination de la matière** » Ed. José Corti, Paris, 1965

Bachelard Gaston « **L'Air et les Songes. Essai sur l'imagination du mouvement** », Ed. José Corti, Paris, 1965 … et tous ses autres ouvrages.

Barthes Roland « **Le degré zéro de l'écriture** » Points-essais au Seuil, Paris, 1972

Barthes Roland «**Le plaisir du texte** », Points-essais au Seuil, Paris, 1973

Barthes Roland « **Leçon** » (Leçon inaugurale, sémiologie littéraire, Collège de France), Seuil, Paris, 1978

Bau D. « **100 fiches de pédagogie des adultes à l'usage des formateurs** » Fiches EO/FP, collection formation permanente, Les Editions d'Organisation, Paris, 1977 (Quelques outils de créativité pour les formateurs d'adultes).

Bellenger Lionel, « **La confiance en soi** » (Avoir confiance pour donner confiance), ESF, Paris, 1998.

Desroches Henri « **Entreprendre d'apprendre** (D'une autobiographie raisonnée aux projets d'une recherche-action) », apprentissage 3, Les Editions Ouvrières, 1990

Freinet Célestin « **Pour l'école du peuple** », FM Petite collection Maspéro, Paris, 1969

Freinet Elise « **Naissance d'une pédagogie populaire** », Maspéro, Paris,

Freire Paolo « **Pédagogie des opprimés** » FM Maspéro, Paris, 1974 : Au Brésil, Paolo Freire inventa et mis en œuvre une méthode d'alphabétisation-conscientisation à partir de mots et images de la vie courante des paysans.

Maisonneuve J. « **La dynamique des groupes** » PUF Que sais-je, Paris, 1999.

Mucchielli Roger, « **Les méthodes actives dans la pédagogie des adultes** », Ed. ESF, collection Formation Permanente en Sciences Humaines.

Mucchieli Roger « **La dynamique des groupes** » ESF, Paris, 1992.

Poletti R. et Dobbs B. « **L'estime de soi, un bien essentiel** », Ed. Jouvence, Bernex-Genève, 1993.

Rodari Gianni « **Grammaire de l'imagination (Introduction à l'art d'inventer des histoires)**, Ed. rue du monde, Turin, 1973, Paris, 1997

Rogers Carl, « **Le développement de la personne** » (On becoming a person), Dunod, Paris, 1966.

Rogers Carl, « **Liberté pour apprendre** » (Freedom to learn), Dunod, coll. Sciences de l'Education, Paris, 1973

Les enfants de Barbiana « **Lettre à une maîtresse d'école**» Mercure de France (Exemple de pédagogie de groupe dans une école italienne, reposant sur les échanges de savoirs entre élèves et leur capacité à s'auto-instruire entre eux, de manière coopérative).

« **Libres enfants de Summerhill** » (La célèbre expérience anglaise d'une école où les enfants sont entièrement libres de faire ce qu'ils souhaitent en auto-organisant leurs activités).

Sur les ateliers d'écriture

André Alain « **Babel heureuse. L'atelier d'écriture au service de la création littéraire** », Syros, Paris, 1989 (Alain André est fondateur et animateur de Aleph-écriture)

Beaumont Brigitte « **Des marches d'écriture (Ecritures et paysages, analyse d'une pratique)** » Asphodèles, Montpellier, 1995

Bing Elisabeth « **…Et je nageai jusqu'à la page** », Ed. des femmes, Paris, 1976

Boniface Claire et Pimet Odile « **Les ateliers d'écriture** », Sofedis-Sodis Pédagogie Retz, Paris, 1992 (L'ouvrage indispensable pour connaître l'historique, les courants et les principaux ateliers d'écriture).

Broustra Jean et Lafargue Guy « **L'expression créatrice** », Edition Morisset/essentialis, Paris, 1995 (Tous deux fondateurs et animateurs des « Ateliers de l'Art Crû » à Bordeaux).

Editions des Chaintres, « **De A à Z, des boutures d'écriture** », invitée Pimet Odile, Rezé, 2001.

Fairon François, « **La plume partagée, des ateliers d'écriture pour adultes : expériences vécues** », Ed. Charles Léopold Mayer, 1998.

Perraudeau Michel, « **Ecrire à l'école : pratique des ateliers d'écriture** », Ed. Voies Livres, Lyon, 1997

Roche Anne, Guiguet Andrée, Voltz Nicole « **L'atelier d'écriture, éléments pour la rédaction du texte littéraire** », Bordas, Paris, 1989.

Rossignol Isabelle « **L'invention des ateliers d'écriture en France : Analyse comparative de 7 courants clefs** », L'Harmattan, 1996.

Revault Jean-Yves « **Ecrire pour se guérir (Les pouvoirs de l'écriture)** » Edition Trois Fontaines, 1996

Oriol-Boyer Claudette « **L'écriture du texte, théorie, pratique, didactique** » Thèse à l'Université de Paris VIII, 1989

Vaudoiset Dominique « **La chair de l'écriture (Petit traité de graphothérapie)** », Ed. Le fil invisible, Mouriès, 1999.

« **L'écriture, ça émancipe (L'atelier d'écriture et les écrivains)** », GFEN (groupe français d'éducation nouvelle), Toulouse, nov.1998.

Méthodes, moyens, outils pour les ateliers

Bon François « **Tous les mots sont adultes (méthode pour l'atelier d'écriture)** » Fayard, Paris, 2000 (François Bon anime des ateliers d'écriture en Languedoc-Roussillon)

Costa Philippe « **Petit manuel pour écrire des Haïku** », Edition Philippe Picquier, Arles, 2000. Intéressant et bien fait.

Duchesne Alain et Legay Thierry « **Les petits papiers (Petite fabrique de littérature)** » Trois tomes, Magnard, Paris, 1991. Excellents ouvrages pour y puiser des idées et propositions.

Frenkiel Pierre « **60 jeux relationnels et quelques autres pour faire advenir le plaisir d'écrire** », Editions interculturelles, Paris.

Pierre Frenkiel a fondé et anime l'atelier du CICLOP, descendant direct des ateliers surréalistes.

Guenoun Joël **« Les mots ont des visages »** Ed. Autrement littératures, Paris, 1995. Pour jouer avec l'écriture des mots.

Pimet Odile avec la collaboration de Boniface Claire **« Ateliers d'écriture mode d'emploi, guide pratique de l'animateur »** ESF éditeur, Paris, 1999. Bon ouvrage de base pour l'animateur.

Rebattet Christiane **« Créer des ateliers d'écriture »** et **« Animer des ateliers d'écriture »** Ed. Hatier, coll. Question d'école, Paris, 1997. Pour commencer à animer des ateliers d'écriture, deux petits ouvrages bien faits et peu chers, surtout le premier. (à « Ombres Blanches », librairie toulousaine, on les trouve au rayon « enfants »).

« Le plaisir des mots », Edition Autrement, n° 153, fév. 1995

« Mots en jeux et jeux de mots » CEMEA édition

« Pour jouer avec les mots » BT2 (Bulletin Technique réalisé par le courant Freinet à Ecole Nouvelle, n° 57, mars 1974).

Ecriture – Ecritures

Caroll Lewis **« Alice au pays des merveilles »** Ed. J.J.Pauvert, Folio-junior, 1961
Chklovski Victor, **« Technique du métier d'écrivain »** de 1927, Ed. l'esprit des péninsules, réédition 1997, Paris
Laurens Camille, **« Quelques-uns »**, 1999 et **« Le grain des mots »**, 2003, Ed. P.O.L., Paris.
Queneau Raymond, **« Exercices de style »**, Folio – Gallimard, 1947

Perec Georges **« L'histoire du lipogramme, la littérature potentielle, OULIPO »** Gallimard, 1973

Perec Georges **« Penser/classer »**, Hachette, 1985

Salgon J.J. **« 07 et autres récits »**, Ed. Verdier, 1993

Tournier Michel **« Au pied de la lettre »**, Dico revu

Vian Boris **« L'automne à Pékin »,** Ed. de Minuit 10-18, Paris, 1956 (Lire aussi « L'écume des jours » et les autres !)

… Et, **pour compléter** cette bibliographie, il faut y ajouter :

Fairon François **« La plume partagée » (des ateliers d'écriture pour adultes : expériences vécues)** Editions Charles Léopold Mayer, 1998 …qui montre que les ateliers d'écriture donnent « voix au chapitre à ceux qui sont éloignés des pôles officiels du savoir et du pouvoir ».

Berthaut Philippe **« La chaufferie de langue. Dispositifs pour ateliers d'écriture »**, éditions Eres, 2005, qui offre une « méthode progressive de conduite d'ateliers d'écriture créative, susceptible d'être reprise par tout un chacun » et qui détaille « des dispositifs utilisés » par lui et qui permettent « d'enrichir sa pratique et créer soi-même ses propres outils ».

Tous les dictionnaires : Larousse ou Robert, des mots oubliés, des synonymes, des symboles, des mots perdus ou des mots venus d'ailleurs, des lieux imaginaires ou des mots sauvages, du vieux français et de l'argot… Tous sont intéressants pour y puiser de la matière, des idées incongrues ou inattendues, des définitions, des étymologies, des subtilités et des expressions d'hier ou populaires. S'en servir à profusion. Mettre à disposition en permanence, dans tous les ateliers.

Table des matières

Introduction 7
Créer mille ateliers d'écriture 9

1 – « Atelier d'écriture », marque déposée ?
1.1 – Un cadre pour écrire (et quelques consignes) 15

2 – Animer, pour quels enjeux ?
2.1 – Redonner le goût d'écrire 19
2.2 – Donner « confiance en soi » 23
2.3 – Construire un groupe pour permettre l'écriture 24
2.4 – Responsabiliser, autonomiser chaque participant 26

3 – Changer les pratiques et les représentations
3.1 – Revendiquer sa propre façon d'écrire 29
3.2 – Pratiques d'écriture en groupe 31
3.3 – Pratiques différentes d'écriture 33
3.4 – Rendre conscient son propre rapport à l'écrit 35

4 – Devenir animateur d'ateliers d'écriture
4.1 – Formation et expérience 39
4.2 – Choisir sa posture d'animateur 40

5 – Apprendre à animer un groupe
5.1 – Une pédagogie non directive 47

5.2 – Postulats indispensables de la part de l'animateur 48
5.3 – Attitudes de l'animateur : *apprendre plutôt qu'enseigner* 50
5.4 – Construire le cadre d'écriture 53
5.5 – Donner un sens à l'animation 55
5.6 – Objectifs, moyens, outils 56

6 – Choisir le chemin, la progression, les outils
6.1 – Construire l'animation de « son » atelier 59
6.2 – Construire une culture de groupe 61
6.3 – Casser les représentations habituelles 62
6.4 – Susciter la création, libérer l'imagination 64
6.5 – Jouer ensemble, décontracter, permettre le rire 67
6.6 – Jouer avec les lettres 68
6.7 – Jouer avec les mots 68

7 – L'inspiration n'existe pas. Tout est affaire de « travail »
7.1 – Aller à la recherche de matériel.
Cueillir des mots et des images 71
7.2 – Montrer les diversités des écritures 73

8 – Les matériaux qui sont en nous
8.1 – Aller chercher en soi la matière pour dire,
se dire, oser dire « je » 75
8.2 – Décliner son identité profonde 77
8.3 – Mémoire et souvenirs, graphème et anamnèse 78
8.4 – Ecriture et photos 81
8.5 – Dire l'utopie, créer la réalité de demain 84

8.6 – Des lieux, des maisons, des endroits, des pays,
des paysages qui ont marqué   85

8.7 – Réfléchir sur l'écriture, sur son rapport à l'écriture   87

9 – Evaluation en fin de parcours   **89**

10 – Construction d'un atelier (sur 3 jours)   **91**

11 – Liste d'outils (inachevée, à compléter, à réinventer)   **95**

Conclusion   **103**

Bibliographie   **107**

L'HARMATTAN, ITALIA
Via Degli Artisti 15 ; 10124 Torino

L'HARMATTAN HONGRIE
Könyvesbolt ; Kossuth L. u. 14-16
1053 Budapest

L'HARMATTAN BURKINA FASO
Rue 15.167 Route du Pô Patte d'oie
12 BP 226
Ouagadougou 12
(00226) 50 37 54 36

ESPACE L'HARMATTAN KINSHASA
Faculté des Sciences Sociales,
Politiques et Administratives
BP243, KIN XI ; Université de Kinshasa

L'HARMATTAN GUINEE
Almamya Rue KA 028
En face du restaurant le cèdre
OKB agency BP 3470 Conakry
(00224) 60 20 85 08
harmattanguinee@yahoo.fr

L'HARMATTAN COTE D'IVOIRE
M. Etien N'dah Ahmon
Résidence Karl / cité des arts
Abidjan-Cocody 03 BP 1588 Abidjan 03
(00225) 05 77 87 31

L'HARMATTAN MAURITANIE
Espace El Kettab du livre francophone
N° 472 avenue Palais des Congrès
BP 316 Nouakchott
(00222) 63 25 980

L'HARMATTAN CAMEROUN
BP 11486
Yaoundé
(00237) 458 67 00
(00237) 976 61 66
harmattancam@yahoo.fr

654420 - Mai 2016
Achevé d'imprimer par